INSTANT POT KOKBOK 2022

LÄCKRA OCH ENKLA RECEPT FÖR ATT ÖVERRASKA DINA GÄSTER

STEFAN WILAND

Innehållsförteckning

Ömt kalkonbröst 10

Krämigt kalkonbröst 12

Laxchowder 13

Skaldjur med korv 15

Tonfisk och oliver 17

Gurkmeja öring och citrongräs 18

Ingefära makrill 20

Gräslök öring 21

Räkor och spenat 22

Blandning av havsabborre och rädisor 23

Oregano musslor 25

Räkor och oliver 26

Varm sallad med räkor och tilapia 27

Musslor och sötpotatis 29

Persilja tonfisk och räkor 30

Räk- och sellerimix 31

Avokado och laxsallad 32

Öring och Broccoli Mix 34

Räkor och majs 35

Kardemumma och Chili Lax 36

Omedelbar hummersvansar 37

Mayo Haddock 39

Spaghetti Squash med räkor och sparris 41

Kokosmjölk Torsk 43

Örtad havskatt 45

Fest ostron 47

Varm och citronig lax 48

Räk- och tomatgryta 50

Vitlökssmör Krabbaben 52

Lemony och Garlicky Räkor 54

Fisk Pho 56

Makrillsallad 58

Chili Ansjovis 60

Fisksås bläckfisk 62

Lax i limesås 64

Musslor i vitvinssås 66

Räkräkor 68

Gammaldags kycklingsoppa 70

Turkiet och ostköttbullar 72

Fyllda paprika med yoghurt 74

Kryddiga kycklingtrumetter i mexikansk stil 76

Kyckling-och-bacon köttbullar 78

Cheddar och kycklingbaka 80

Kycklingsmörgåsar med majonnäs och ost 82

Sloppy Joe med en Twist 84

Asiatisk honungsglaserad kyckling med jordnötter 86

Baconlindad kyckling med bourbonsås 88

Kycklingsoppa med gröna bönor 92

Kycklingvingar med sesam coleslaw 94

Rainbow Veggie Kycklingsoppa 96

Cavatappi och köttbullsoppa 98

Söndag Turkiet och Korv Köttfärslimpa 100

Kycklingkorvchowder med spenat 102

Krämiga kycklingklubbor 104

Soppa med kyckling och parmesan 106

Bakade kalkonbröstfiléer 108

Kycklinglår med kryddig Mayo Dip 110

Örtbaserade kycklingtrumetter 112

Kryddig Cannellini bönsallad med dadlar 114

Salta vegetariska smörgåsar 116

Eat-me" Squash och sötpotatis krämig soppa 118

Green Pea Medley 119

Kryddig grönsaks- och Adzukibönsoppa 121

Sparrissallad i italiensk stil 123

Pumpagröt med torkade körsbär 125

Enkel vegansk risotto 127

Uppfriskande bönsallad 129

Rotfrukts- och nudelsoppa 131

Quinoa Pilaf med Cremini svampar 133
Butternut Squash och Korn skål 135
Färgglad grönsaks- och kokossoppa 137
Broccoli och morötter med jordnötssås 139
Läcker gammaldags chili 141
Traditionell rysk borsjtj 143
Vintercurrykål 145
Den enklaste hummusen någonsin 147
Gröna bönor med shiitakesvamp 149
Lins Chipotle Curry 151
Chorizo Pinto bönor 153
Vita bönor Curry 155
Kyckling och brunt ris 156
Grönt ris 158
Mung Bean Curry 160
Mexikanskt ris 162
Ärter & majsris 164
Linsrisotto 166
Korianderris 167
Mandelrisotto 169
Black Bean Burrito 170
Red Bean Curry 172
Kikärtsris 174
Fänkålsrisotto 175

Svartbönssås	177
Svamp Risotto	178
Linser Spenatgryta	179
Chorizo röda bönor	181
Kokosrisotto	183
Potatisris	184
Bean Senap Curry	186
White Bean Curry	188
Ärter & majsris	190
Räk- och rispaella	192
Svarta bönor med chorizo	194
Brunt kycklingris	196
Svamprisotto	198
Ris i mexikansk stil	200
Nötkött ris	202
Blomkålsrisotto	204
Grönsaker & majsris	206
Gult potatisris	208
Mung Bean Curry	210
Kikärtstacos	212
Tre-böngryta	214
Majs linsgryta	216

Ömt kalkonbröst

Portioner: 8

Tillagningstid: 30 minuter

Ingredienser:

- 6 kg kalkonbröst
- 1 tsk timjan
- 1 1/2 dl kycklingbuljong
- 1 lök, skalad och skivad
- 1 revbenselleri, skuren i 1-tums bitar
- Peppar
- Salt

Vägbeskrivning:

1. Häll kycklingbuljong i snabbgrytan.
2. Tillsätt selleri, lök och timjan i kycklingbuljongen.
3. Krydda kalkonbröst med peppar och salt.
4. Placera underlägg i snabbgrytan och lägg sedan kryddat kalkonbröst ovanpå underlägget.
5. Förslut grytan med lock och välj manuell och ställ in timern på 30 minuter.
6. Låt trycket släppa naturligt och öppna sedan locket.
7. Överför kalkonbröst vid servering av rätten.
8. Skiva och servera.

Näringsvärden per portion:

Kalorier: 367; Kolhydrater: 15,9 g; Protein: 59,1 g; Fett: 5,9 g; Socker: 12,7 g; Natrium: 3616mg

Krämigt kalkonbröst

Portioner: 6

Tillagningstid: 25 minuter

Ingredienser:

- 4 lbs kalkonbröst, benfritt
- 1 1/2 dl kycklingbuljong
- 2 msk löksoppa mix
- 1 dl selleri, tärnad

Vägbeskrivning:

1. Häll kycklingbuljong i snabbgrytan.
2. Tillsätt selleri i buljongen. Placera underlägg i snabbgrytan.
3. Lägg kalkonbröstet på underlägg och strö sedan löksoppablandningen över kalkonbröstet.
4. Förslut grytan med lock och koka på högt tryck i 25 minuter.
5. Låt trycket släppa naturligt och öppna sedan locket.
6. Servera och njut.

Näringsvärden per portion:

Kalorier: 332; Kolhydrater: 14,8g; Protein: 53g; Fett: 5,4g; Socker: 11,7 g; Natrium: 3554mg

Laxchowder

Portioner: 4

Tillagningstid: 8 minuter

Ingredienser:

- 1 pund fryst lax
- 1 kopp majsburk
- 1 potatis, tärnad
- 2 koppar halv och halv
- 4 dl grönsaksbuljong
- 2 vitlöksklyftor, hackade
- 2 msk smör
- 2 stjälkselleri, hackade
- 1 liten lök, hackad

Vägbeskrivning:

1. Tillsätt smör i snabbgrytan och välj sauté.
2. Tillsätt lök och vitlök i grytan och fräs i 3 minuter.
3. Tillsätt resterande ingredienser utom en halv och en halv och rör om väl.
4. Förslut grytan med lock och koka på högt tryck i 5 minuter.
5. Låt trycket släppa naturligt och öppna sedan locket.
6. Tillsätt hälften och hälften och rör om väl.
7. Servera och njut.

Näringsvärden per portion:

Kalorier: 559; Kolhydrater: 23,6g; Protein: 36,4 g; Fett: 35g; Socker: 3,3 g; Natrium: 1056mg

Skaldjur med korv

Portioner: 6

Tillagningstid: 5 minuter

Ingredienser:

- 1/2 dl persilja, hackad
- 1 pund frysta räkor
- 1 1/2 dl korv, skivad
- 3 ax majs, skuren i tredjedelar
- 1 citron, klyftor
- 2 dl kycklingbuljong
- 1 msk gammal bukkrydda
- 6 små potatisar, tärnade
- 4 vitlöksklyftor, hackade
- 1 stor lök, hackad

Vägbeskrivning:

1. Tillsätt alla ingredienser i snabbgrytan.
2. Förslut grytan med lock och koka på manuellt högtryck i 5 minuter.
3. Släpp trycket med snabbkopplingsmetoden än öppna locket.
4. Servera och njut.

Näringsvärden per portion:

Kalorier: 331; Kolhydrater: 50,6g; Protein: 24,6 g; Fett: 4,3 g; Socker: 6,1 g; Natrium: 812mg

Tonfisk och oliver

- Förberedelsetid: 5 minuter
- Tillagningstid: 8 minuter
- Portioner: 4

Ingredienser:

- 14 uns konserverad tonfisk, avrunnen
- 1 kopp svarta oliver, urkärnade
- 1 kopp tomatsås
- En nypa salt och svartpeppar
- 1 msk gräslök, hackad

Vägbeskrivning:

1. I din snabbgryta, kombinera tonfisken med resten av ingredienserna, lägg på locket och koka på High i 8 minuter.
2. Släpp trycket snabbt i 5 minuter, dela upp blandningen i skålar och servera.

Näringsvärden per portion: Kalorier 200, fett 9, fibrer 3, kolhydrater 7, protein 10

Gurkmeja öring och citrongräs

Förberedelsetid: 5 minuter

Tillagningstid: 8 minuter

Portioner: 4

Ingredienser:

- 4 öringfiléer, benfria
- 3 vitlöksklyftor, hackade
- 2 schalottenlök hackade
- 1 tsk gurkmejapulver
- 1 msk chilipasta
- 2 citrongrässtavar, hackade
- 1 msk ingefära, riven
- 2 matskedar olivolja
- 1 och ½ msk tomatsås

Vägbeskrivning:

1. Blanda citrongräset med ingefära, chilipasta, vitlök, gurkmeja och schalottenlök i din mixer och pulsa väl.
2. Ställ snabbgrytan på sautéläge, tillsätt oljan, värm upp den, tillsätt citrongräs- och gurkmejablandningen och koka i 1 minut.
3. Tillsätt fisken och tomatsåsen, rör om försiktigt, lägg på locket och koka på High i 7 minuter.

4. Släpp trycket snabbt i 5 minuter, dela mixen mellan tallrikarna och servera.

Näringsvärden per portion: Kalorier 211, fett 13, fibrer 4, kolhydrater 7, protein 10

Ingefära makrill

Förberedelsetid: 10 minuter

Tillagningstid: 15 minuter

Portioner: 4

Ingredienser:

- 2 pund makrill, skuren i bitar
- 1 kopp tomatsås
- 2 vitlöksklyftor, hackade
- 1 schalottenlök, skivad
- 2 msk ingefära bit, riven
- 1 söt lök, tunt skivad
- 1 msk balsamvinäger
- En nypa salt och svartpeppar
- 1 msk persilja, hackad

Vägbeskrivning:

1. Ställ in din snabbgryta på Sauté-läge, tillsätt makrillen, tomatsåsen och resten av ingredienserna förutom persiljan, lägg på locket och koka på Low i 15 minuter.
2. Släpp trycket naturligt i 10 minuter, dela upp blandningen i skålar, strö persiljan ovanpå och servera.

Näringsvärden per portion: Kalorier 220, fett 12, fiber 3, kolhydrater 6, protein 13

Gräslök öring

Förberedelsetid: 5 minuter

Tillagningstid: 12 minuter

Portioner: 4

Ingredienser:

- 4 öringfiléer, benfria
- Saft och skal av 1 citron
- 2 msk gräslök, hackad
- En nypa salt och svartpeppar
- 1 msk olivolja
- 1 schalottenlök, hackad

Vägbeskrivning:

1. Ställ in snabbgrytan på sautéläge, tillsätt oljan, värm upp den, tillsätt schalottenlök och koka i 2 minuter.
2. Tillsätt öringen och resten av ingredienserna, lägg på locket och koka på High i 10 minuter.
3. Släpp trycket snabbt i 5 minuter, dela mixen mellan tallrikarna och servera.

Näringsvärden per portion: Kalorier 200, fett 12, fiber 3, kolhydrater 6, protein 11

Räkor och spenat

Förberedelsetid: 5 minuter

Tillagningstid: 6 minuter

Portioner: 4

Ingredienser:

- 2 pund räkor, skalade och deveirade
- 1 dl rädisor, i tärningar
- 1 vit lök, hackad
- 1 pund babyspenat
- ½ dl kycklingfond
- 2 vitlöksklyftor, hackade
- 1 msk olivolja

Vägbeskrivning:

1. Ställ in snabbgrytan på sautéläge, tillsätt oljan, värm upp den, tillsätt löken och vitlöken och koka i 1 minut.
2. Tillsätt räkorna och resten av ingredienserna, lägg på locket och koka på High i 5 minuter.
3. Släpp trycket snabbt i 5 minuter, dela upp blandningen i skålar och servera.

Näringsvärden per portion: Kalorier 182, fett 10, fiber 2, kolhydrater 5, protein 6

Blandning av havsabborre och rädisor

Förberedelsetid: 10 minuter

Tillagningstid: 12 minuter

Portioner: 4

Ingredienser:

- 2 dl konserverade tomater, krossade
- 1 rödlök, hackad
- 2 chilipeppar, hackad
- 2 msk avokadoolja
- ¼ kopp balsamvinäger
- 1 pund havsabborrefiléer, benfria, utan skinn och tärningar
- 1 dl rädisor, i tärningar
- 2 tsk röd paprikaflingor
- En nypa salt och svartpeppar
- ½ kopp basilika, hackad

Vägbeskrivning:

1. Ställ in din snabbgryta på Sauté-läge, tillsätt oljan, värm upp den, tillsätt lök, pepparflingor och chilipeppar, rör om och koka i 2 minuter.
2. Tillsätt havsabborren och resten av ingredienserna förutom basilikan, lägg på locket och koka på High i 10 minuter.

3. Släpp trycket naturligt i 10 minuter, dela havsabborreblandningen mellan tallrikar, strö basilikan över och servera.

Näringsvärden per portion: Kalorier 192, fett 11, fiber 3, kolhydrater 6, protein 9

Oregano musslor

Förberedelsetid: 10 minuter

Tillagningstid: 5 minuter

Portioner: 4

Ingredienser:

- 2 pund musslor, rensade och skurade
- 2 msk avokadoolja
- 1 schalottenlök, hackad
- ½ tesked röd paprikaflingor
- 14 uns tomater, hackade
- 2 tsk vitlök, hackad
- 2 msk oregano, hackad

Vägbeskrivning:

1. Ställ in din snabbgryta på sautéläge, tillsätt oljan, värm upp den, tillsätt schalottenlök, vitlök och pepparflingor, rör om och koka i 2 minuter.
2. Tillsätt musslorna och resten av ingredienserna, lägg på locket och koka på High i 6 minuter.
3. Släpp trycket naturligt i 10 minuter, dela musslblandningen i skålar och servera.

Näringsvärden per portion: Kalorier 132, fett 5, fiber 3, kolhydrater 6, protein 6

Räkor och oliver

Förberedelsetid: 5 minuter

Tillagningstid: 6 minuter

Portioner: 4

Ingredienser:

- 1 och ½ pund räkor, skalade och rensade
- 1 kopp kalamataoliver, urkärnade
- ½ kopp svarta oliver, urkärnade
- 2 vårlökar, hackade
- 1 msk olivolja
- 1 gul lök, hackad
- 1 och ½ dl tomatpuré
- 1 msk söt paprika

Vägbeskrivning:

1. Ställ in din snabbgryta på sautéläge, tillsätt oljan, värm upp den, tillsätt gullöken och vårlöken, rör om och koka i 2 minuter.
2. Tillsätt räkorna och resten av ingredienserna, lägg på locket och koka på High i 4 minuter.
3. Släpp trycket snabbt i 5 minuter, dela allt i skålar och servera.

Näringsvärden per portion: Kalorier 162, fett 6, fiber 1, kolhydrater 6, protein 8

Varm sallad med räkor och tilapia

Förberedelsetid: 10 minuter

Tillagningstid: 8 minuter

Portioner: 4

Ingredienser:

- 1 och ½ pund stora räkor, skalade och deveirade
- 1 och ½ pund tilapiafiléer, benfria, utan skinn och tärningar
- 2 rödlökar, hackade
- 1 msk avokadoolja
- 3 vitöksklyftor, hackade
- ½ kopp basilika, hackad
- 20 uns konserverade tomater, hackade
- ½ tsk mejram, torkad
- En nypa salt och svartpeppar
- 1 och ½ dl babyspenat

Vägbeskrivning:

1. Ställ in din snabbgryta på sautéläge, tillsätt oljan, värm upp den, tillsätt vitlöken och löken, rör om och fräs i 2 minuter.
2. Tillsätt räkor, fisk och resten av ingredienserna, lägg på locket och koka på High i 6 minuter.

3. Släpp trycket naturligt i 10 minuter, dela salladen i skålar och servera varm.

Näringsvärden per portion: Kalorier 200, fett 14, fiber 3, kolhydrater 8, protein 10

Musslor och sötpotatis

Förberedelsetid: 10 minuter

Tillagningstid: 15 minuter

Portioner: 4

Ingredienser:

- 30 musslor, rensade och skurade
- 1 pund sötpotatis, skalad och tärnad
- 1 gul lök, hackad
- 10 uns tomatsås
- 2 msk persilja, hackad
- 1 msk olivolja
- 1 msk citronsaft

Vägbeskrivning:

1. Ställ in din snabbgryta på sautéläge, tillsätt oljan, värm upp den, tillsätt löken och fräs i 2 minuter.
2. Tillsätt musslorna och resten av ingredienserna, lägg på locket och koka på High i 12 minuter.
3. Släpp trycket naturligt i 10 minuter, dela mixen mellan tallrikarna och servera.

Näringsvärden per portion: Kalorier 200, fett 12, fibrer 3, kolhydrater 7, protein 10

Persilja tonfisk och räkor

Förberedelsetid: 10 minuter

Tillagningstid: 15 minuter

Portioner: 4

Ingredienser:

- 1 msk olivolja
- 1 pund räkor, skalade och deveirade
- 2 tonfiskfiléer, benfria, utan skinn och tärningar
- 3 vitlöksklyftor, hackade
- ¼ kopp persilja, hackad
- ¼ kopp tomatpuré
- 1 msk limejuice

Vägbeskrivning:

1. Ställ snabbgrytan på sautéläge, tillsätt oljan, värm upp den, tillsätt vitlöken och koka i 1 minut.
2. Tillsätt räkor, tonfisk och resten av ingredienserna, lägg på locket och koka på Low i 15 minuter.
3. Släpp trycket naturligt i 10 minuter, dela upp blandningen i skålar och servera.

Näringsvärden per portion: Kalorier 199, fett 7, fibrer 4, kolhydrater 7, protein 12

Räk- och sellerimix

Förberedelsetid: 5 minuter

Tillagningstid: 6 minuter

Portioner: 4

Ingredienser:

- 1 och ½ pund räkor, skalade och deveirade
- 2 selleristjälkar, grovt hackade
- ½ dl kycklingfond
- 1 msk citronsaft
- 1 msk söt paprika

Vägbeskrivning:

1. I din snabbgryta, kombinera räkor och selleri med resten av ingredienserna, lägg på locket och koka på High i 6 minuter.
2. Släpp trycket snabbt i 5 minuter, dela upp i skålar och servera.

Näringsvärden per portion: Kalorier 172, fett 11, fibrer 4, kolhydrater 7, protein 9

Avokado och laxsallad

Förberedelsetid: 5 minuter

Tillagningstid: 6 minuter

Portioner: 4

Ingredienser:

- 1 och ½ pund laxfiléer, benfria, skinnfria och i tärningar
- 2 matskedar olivolja
- 1 dl schalottenlök, hackad
- 2 msk persilja, hackad
- 4 vitlöksklyftor, hackade
- 2 tsk varm paprika
- ½ dl kycklingfond
- 1 kopp tomatsås
- 1 tsk salvia, hackad
- 2 avokado, skalade, urkärnade och tärnade
- En nypa salt och svartpeppar

Vägbeskrivning:

1. Ställ in din snabbgryta på sautéläge, tillsätt oljan, värm upp den, tillsätt schalottenlök och vitlök och fräs i 2 minuter.
2. Tillsätt laxen och resten av ingredienserna, lägg på locket och koka på High i 4 minuter.

3. Släpp trycket snabbt i 5 minuter, dela allt i skålar och servera.

Näringsvärden per portion: Kalorier 200, fett 12, fiber 2, kolhydrater 6, protein 11

Öring och Broccoli Mix

Förberedelsetid: 10 minuter

Tillagningstid: 12 minuter

Portioner: 4

Ingredienser:

- 1 pund öringfiléer, benfria
- 2 dl broccolibuktor
- ½ kopp tomater, i tärningar
- 2 matskedar olivolja
- En nypa salt och svartpeppar
- 2 msk basilika, hackad
- En nypa röd paprika, krossad
- Saft av 1 lime
- 1 och ¼ dl kycklingfond

Vägbeskrivning:

1. I din snabbgryta, kombinera öringen med broccolin och resten av ingredienserna, lägg på locket och koka på High i 12 minuter.
2. Släpp trycket naturligt i 10 minuter, dela allt mellan tallrikar och servera.

Näringsvärden per portion: Kalorier 211, fett 14, fiber 3, fiber 6, kolhydrater 11

Räkor och majs

Förberedelsetid: 10 minuter

Tillagningstid: 10 minuter

Portioner: 4

Ingredienser:

- 1 och ½ pund räkor, skalade och deveirade
- 8 uns majs
- 1 msk gammal bukkrydda
- 1 och ½ dl tomatpuré
- En nypa salt och svartpeppar
- 2 söta lökar, skurna i klyftor
- 1 msk persilja, hackad

Vägbeskrivning:

1. I din snabbgryta, kombinera räkorna med majs och resten av ingredienserna förutom persiljan, lägg på locket och koka på Low i 10 minuter.
2. Släpp trycket naturligt i 10 minuter, dela upp blandningen i skålar och servera med persiljan strös över.

Näringsvärden per portion: Kalorier 200, fett 11, fiber 2, kolhydrater 6, protein 8

Kardemumma och Chili Lax

Förberedelsetid: 10 minuter

Tillagningstid: 12 minuter

Portioner: 4

Ingredienser:

- 4 laxfiléer, benfria och i tärningar
- 3 st kardemummakapslar
- 2 rödlökar, grovt tärnade
- 1 röd chili, hackad
- 3 gröna chili, hackade
- 1 msk vitlökspasta
- 4 tomater, hackade
- En nypa salt och svartpeppar
- ½ dl kokosgrädde

Vägbeskrivning:

1. I en mixer, kombinera kardemumman med chili, vitlökspasta, tomater, salt och peppar och pulsa väl.
2. Ställ snabbgrytan på Sauté-läge, tillsätt chiliblandningen, värm upp den, tillsätt laxen, löken och grädden, lägg på locket och koka på High i 12 minuter.
3. Släpp trycket naturligt i 10 minuter, dela upp blandningen i skålar och servera.

Näringsvärden per portion: Kalorier 224, fett 13, fiber 3, kolhydrater 7, protein 11

Omedelbar hummersvansar

Förberedelsetid: 25 MIN

Servering: 4

Ingredienser:

- 1 kopp vatten
- ¼ kopp smör, smält
- ½ kopp vitt vin
- 4 hummerstjärtar

Vägbeskrivning:

1. Tvätta hummerstjärtarna och skär dem på mitten.
2. Lägg i den ångande korgen.
3. Häll vattnet och det vita vinet i Instant Pot och sänk ner korgen.
4. Stäng locket och ställ in på MANUELL.
5. Koka på LÅG i 4 minuter.
6. Låt trycket falla naturligt.
7. Lägg upp på ett fat och ringla över smält smör.
8. Servera och njut!

Näringsvärden per portion:

Kalorier 190

Totalt fett 12g

Netto kolhydrater 0g

Protein 19g

Fiber: 0g

Mayo Haddock

Förberedelsetid: 15 MIN

Servering: 4

Ingredienser:

- 1 pund kolja
- 2 msk. Majonnäs
- ½ kopp grönsaksfond
- 2 msk. Citron juice
- 1 tsk hackad dill
- 1 tsk olivolja
- ¼ tsk Old Bay krydda

Vägbeskrivning:

1. Vispa ihop fond, citronsaft, dill, olja, kryddor och majonnäs under IP.
2. Tillsätt koljan och lås locket.
3. Ställ in IP på MANUELL.
4. Koka på HIGH i 7 minuter.
5. Släpp trycket snabbt.
6. Servera och njut!

Näringsvärden per portion:

Kalorier 165

Totalt fett 12g

Netto kolhydrater 4g

Protein 14g

Fiber: 1g

Spaghetti Squash med räkor och sparris

Förberedelsetid: 30 MIN

Servering: 4

Ingredienser:

- 2 koppar vatten
- 2 tsk finhackad vitlök
- 1 kopp kokosgrädde
- 2 msk. Olivolja
- 2 tsk oregano
- 1 tsk rödpepparflingor
- 1 lök hackad
- 8 uns svamp, skivad
- 1 dl riven parmesanost
- ¼ kopp Ghee
- 1 Spaghetti Squash. Halverad
- 1 pund räkor, skalade och deveirade
- 1 gäng sparris, hackad

Vägbeskrivning:

1. Häll vattnet i IP och tillsätt spaghetti squash i ångkokkorgen.
2. Sänk ner korgen och stäng locket.
3. Koka i 10 minuter på HÖG.

4. Låt svalna och skrapa blixten med gaffeln för att göra spagetti.
5. Kassera matlagningsvätskan och smält ghee tillsammans med oljan i IP.
6. Tillsätt sparris, squash, kryddor och koka ett par minuter.
7. Tillsätt räkor, vitlök, parmesan och kokosgrädde.
8. Rör om för att kombinera och stäng locket.
9. Koka på HIGH i 4 minuter.
10. Släpp trycket snabbt.
11. Servera och njut!

Näringsvärden per portion:

Kalorier 465

Totalt fett 7g

Netto kolhydrater 5g

Protein 30g

Fiber: 2g

Kokosmjölk Torsk

Förberedelsetid: 20 MIN

Servering: 4

Ingredienser:

- 1 pund torskfiléer
- 3 msk. Mandelmjöl
- 1 msk. Limezest
- 1 tsk finhackad vitlök
- 1 msk. Smör
- 2 msk. Soja sås
- ¼ kopp fisksås
- 1/2 kopp kokosmjölk

Vägbeskrivning:

1. Hacka torsken och sätt in i IP.
2. Tillsätt den återstående ingrediensen och rör om för att kombinera.
3. Ställ in IP:n på SAUTE och stäng locket.
4. Låt koka på SÅT med locket på, i ca 10 minuter.
5. Öppna locket och koka i ytterligare 3 minuter.
6. Servera och njut!

Näringsvärden per portion:

Kalorier 260

Totalt fett 14g

Netto kolhydrater 6,1 g

Protein 24g

Fiber: 1g

Örtad havskatt

Förberedelsetid: 20 MIN

Servering: 4

Ingredienser:

- 14 uns havskattfiléer
- 1 msk. Olivolja
- 1 tsk hackad persilja
- ¼ kopp färsk timjan
- 1 tsk dill
- ¼ kopp vatten
- ½ dl fiskfond
- 2 msk. Soja sås
- 2 tsk finhackad vitlök
- 1 tsk salt

Vägbeskrivning:

1. Hacka fisken och lägg i IP.
2. Tillsätt de återstående ingredienserna och rör om för att kombinera.
3. Ställ in IP på MANUAL och stäng locket.
4. Koka på HIGH i 5 minuter.
5. Tryck på CANCEL och gör en snabb tryckavlastning.
6. Sätt den på SAUTE och koka i 1 minut till med locket av.
7. Servera och njut!

Näringsvärden per portion:

Kalorier 160

Totalt fett 10g

Netto kolhydrater 2,4 g

Protein 18g

Fiber: 0g

Fest ostron

Förberedelsetid: 15 MIN

Servering: 6

Ingredienser:

- 1 kopp vatten
- 36 ostron
- 6 msk. smält smör

Vägbeskrivning:

1. Rengör ostronen väl och lägg dem i Instant Pot.
2. Häll vattnet över och stäng locket.
3. Koka på HIGH i 3 minuter.
4. Gör en naturlig tryckavlastning.
5. Lägg över på ett serveringsfat och ringla över det smälta smöret.
6. Servera och njut!

Näringsvärden per portion:

Kalorier 145

Totalt fett 12g

Netto kolhydrater 1g

Protein 13g

Fiber: 0g

Varm och citronig lax

Förberedelsetid: 10 MIN

Servering: 4

Ingredienser:

- 1 citron, skivad
- Saften av 1 citron
- 2 msk. hackad chili
- ¼ tsk salt
- ¼ tsk peppar
- 4 laxfiléer
- 1 ½ dl vatten

Vägbeskrivning:

1. Häll vattnet i din IP.
2. Lägg laxen på gallret.
3. Strö över salt och peppar och ringla över citronsaft.
4. Toppa med chilipeppar och sedan med citronskivor.
5. Stäng locket och välj MANUELL.
6. Koka på HIGH i 4 minuter.
7. Gör en snabb tryckavlastning.
8. Servera och njut!

Näringsvärden per portion:

Kalorier 180

Totalt fett 8g

Netto kolhydrater 3g

Protein 25g

Fiber: 0g

Räk- och tomatgryta

Förberedelsetid: 30 MIN

Servering: 4

Ingredienser:

- 1 ½ pund räkor, skalade och rensade
- 1 ½ pund tomater, hackade
- 2 msk. Olivolja
- ½ kopp grönsaksbuljong
- ¼ kopp hackad koriander
- 2 msk. Limejuice
- 1 Jalapeno, tärnad
- 1 lök, tärnad
- 1 kopp strimlad cheddarost
- 1 tsk finhackad vitlök

Vägbeskrivning:

1. Värm olivoljan i din Instant Pot på SAUTE.
2. Tillsätt lök och koka i 3 minuter.
3. Tillsätt vitlök och fräs i ytterligare 30-60 sekunder.
4. Rör ner buljong, koriander och tomater.
5. Stäng locket och koka på HIGH i 9 minuter.
6. Gör en naturlig tryckavlastning.
7. Tillsätt räkor och koka på HIGH i 2 minuter till.
8. Släpp snabbt trycket och rör ner cheddar,

9. Servera och njut!

Näringsvärden per portion:

Kalorier 300

Totalt fett 16g

Netto kolhydrater 8g

Protein 22g

Fiber: 2g

Vitlökssmör Krabbaben

Förberedelsetid: 10 MIN

Servering: 4

Ingredienser:

- 1/3 kopp smör
- 2 tsk finhackad vitlök
- 1 ½ dl vatten
- 3 pund krabbben
- 1 tsk olivolja

Vägbeskrivning:

1. Häll vattnet i IP och sänk ned ångbåtskorgen.
2. Placera krabbabenen i korgen och stäng locket.
3. Koka på ÅNGA i 4 minuter.
4. Gör en snabb tryckavlastning och överför krabbabenen till ett fat.
5. Häll bort kokvattnet och tillsätt olja och smör.
6. När smöret smält, tillsätt vitlök och koka i 1 minut.
7. Ringla vitlökssmöret över krabbabenen.

Näringsvärden per portion:

Kalorier 300

Totalt fett 9g

Netto kolhydrater 2g

Protein 35g

Fiber: 0g

Lemony och Garlicky Räkor

Förberedelsetid: 10 MIN

Servering: 4

Ingredienser:

- 2 msk. finhackad vitlök
- 2 msk. Olivolja
- 2 msk. Citronskal
- 2 msk. Citron juice
- 1 msk. Ghee
- 1 pund räkor
- 2/3 kopp fiskfond
- Salt och peppar, efter smak

Vägbeskrivning:

1. Smält ghee tillsammans med oljan i din Instant Pot på SAUTE.
2. Tillsätt de återstående ingredienserna och rör om för att kombinera.
3. Stäng locket och koka på HIGH i 3 minuter.
4. Låt räkorna rinna av.
5. Servera och njut!

Näringsvärden per portion:

Kalorier 160

Totalt fett 2g

Netto kolhydrater 2g

Protein 18g

Fiber: 0g

Fisk Pho

Förberedelsetid: 40 MIN

Servering: 6

Ingredienser:

- 4 uns lax, hackad
  - 7 uns bläckfisk, hackad
  - 5 koppar vatten
  - 1 tsk finhackad vitlök, skivad
  - 1 kopp zucchininudlar
  - ¼ kopp sojasås
  - 1 msk. Salt
  - ½ kopp dill
  - 1 Jalapenopeppar, skivad
  - 1 tsk Chili Flakes
  - ½ msk. Koriander
  - 5 uns Bok Choy

Vägbeskrivning:

1. I din I, kombinera vatten, dill, sojasås, salt, chiliflakes och koriander.
2. Ställ den på SAUTE och stäng locket.
3. Efter 10 minuter, sila blandningen och återför vätskan till grytan.
4. Rör ner fisk, vitlök, bok choy, jalapeño och nudlar.

5. Stäng locket och koka på HIGH i 6 minuter.
6. Gör en naturlig tryckavlastning
7. Servera och njut!

Näringsvärden per portion:

Kalorier 140

Totalt fett 5g

Netto kolhydrater 3g

Protein 12g

Fiber: 1g

Makrillsallad

Förberedelsetid: 25 MIN

Servering: 6

Ingredienser:

- 2 dl hackad sallad
- 8 uns makrill
- 1 dl fiskfond
- ¼ tsk salt
- ¼ tsk peppar
- 1 stor gurka, skivad
- 1 ½ dl hackade tomater
- 1 rödlök, skivad
- 1 vitlöksklyfta, finhackad
- 1 tsk oregano
- 1 msk. Olivolja
- 1 msk. Citron juice

Vägbeskrivning:

1. Krydda makrillen med salt och peppar och lägg den i IP i ångkokkorgen.
2. Häll fonden i IP och sänk ner korgen.
3. Stäng locket och koka på HIGH i 5 minuter.
4. Gör en snabb tryckavlastning.
5. Hacka och låt svalna.

6. Blanda alla grönsakerna i en stor skål och toppa med makrillbitarna.
7. Ringla över olivolja och citronsaft.
8. Servera och njut!

Näringsvärden per portion:

Kalorier 140

Totalt fett 7g

Netto kolhydrater 4g

Protein 12g

Fiber: 1g

Chili Ansjovis

Förberedelsetid: 25 MIN

Servering: 2

Ingredienser:

- 10 uns ansjovis
- 1 tsk Chili Flakes
- 1 röd chili, skivad
- 1 msk. Basilika
- 1/3 kopp mald mandel
- 1 tsk dill
- 4 msk. Smör
- ½ tsk paprika
- Salt och peppar, efter smak

Vägbeskrivning:

1. Smält smöret i IP på SAUTE.
2. Blanda chilin och alla kryddorna i en skål.
3. Tillsätt ansjovis och täck väl.
4. Tillsätt ansjovis i Instant Pot och koka i 4-5 minuter per sida.
5. Låt rinna av på hushållspapper.
6. Servera och njut!

Näringsvärden per portion:

Kalorier 350

Totalt fett 25g

Netto kolhydrater 3,1 g

Protein 28g

Fiber: 0,3g

Fisksås bläckfisk

Förberedelsetid: 20 MIN

Servering: 4

Ingredienser:

- 1 pund bläckfisk
- 1 msk. finhackad vitlök
- 3 msk. Fisksås
- 1 tsk salt
- 2 msk. Smör, smält
- 1 tsk vitpeppar
- 1 msk. Citron juice
- 1 tsk Lökpulver
- ¼ tsk chilipulver
- 1 msk. Gräslök
- 1 ½ dl vatten

Vägbeskrivning:

1. Häll vattnet i IP och sänk underlägget.
2. Blanda alla resterande ingredienser i en ugnsform.
3. Rör om för att täcka väl.
4. Placera fatet i IP och stäng locket.
5. Koka på KÖTT/GRYTA i 13 minuter.
6. Gör en snabb tryckavlastning.
7. Servera och njut!

Näringsvärden per portion:

Kalorier 180

Totalt fett 7g

Netto kolhydrater 3g

Protein 15g

Fiber: 0g

Lax i limesås

Förberedelsetid: 10 MIN

Servering: 4

Ingredienser:

- 4 laxfiléer
- 1 msk. Olivolja
- 1 msk. Sötningsmedel
- 1 tsk paprika
- 1 msk. Varmt vatten
- Saft av 2 limefrukter
- ½ tsk spiskummin
- 1 msk. hackad persilja
- 1 kopp vatten

Vägbeskrivning:

1. Häll vattnet i Instant Pot.
2. Lägg laxen på gallret och stäng locket.
3. Koka på HIGH i minuter.
4. Gör en snabb tryckavlastning.
5. Kasta bort kokvätskan och lägg tillbaka laxen i grytan.
6. Vispa ihop resterande ingredienser och häll över.
7. Koka på SAUTE i 2 minuter.
8. Servera och njut!

Näringsvärden per portion:

Kalorier 493

Totalt fett 31,5 g

Netto kolhydrater 2g

Protein 46g

Fiber: 0,3g

Musslor i vitvinssås

Förberedelsetid: 15 MIN

Servering: 4

Ingredienser:

- 2 koppar grönsaksbuljong
- ¼ kopp vitt vin
- 2 tsk finhackad vitlök
- 2 msk. Citron juice
- 2 ½ pund musslor
- ¼ kopp olivolja
- ¼ kopp hackad basilika

Vägbeskrivning:

1. Värm oljan i din Instant Pot på SAUTE.
2. Tillsätt vitlök och koka i 1 minut.
3. Rör ner citronsaft, vitt vin, buljong och basilika.
4. Koka upp.
5. Lägg musslorna i ångkokkorgen och sänk ner den i grytan.
6. Stäng locket och koka i 4 minuter på HÖG.
7. Servera översållad med kokvätskan.
8. Njut av!

Näringsvärden per portion:

Kalorier 224

Totalt fett 15g

Netto kolhydrater 5,7 g

Protein 16g

Fiber: 0,1g

Räkräkor

Förberedelsetid: 15 MIN

Servering: 4

Ingredienser:

- 1 ½ pund räkor, skalade och rensade
- 2 msk. Kokosolja
- Saften av 1 citron
- ¾ kopp kycklingbuljong
- 2 tsk finhackad vitlök
- 3 msk. hackad persilja

Vägbeskrivning:

1. Smält kokosoljan i din Instant Pot på SAUTE.
2. Tillsätt vitlöken och koka i en minut.
3. Tillsätt buljong och räkor och stäng locket.
4. Koka på HIGH i 2 minuter.
5. Gör en snabb tryckavlastning.
6. Överför till en tallrik.
7. Rör ner persilja och citronsaft.
8. Servera och njut!

Näringsvärden per portion:

Kalorier 250

Totalt fett 10g

Netto kolhydrater 3,2 g

Protein 35g

Fiber: 0,2g

Gammaldags kycklingsoppa

Förberedelsetid: 25 minuter

Portioner 4

Näringsvärde per portion: 263 kalorier; 9,9 g fett; 15,2 g kolhydrater; 27,7 g protein; 3,3 g socker

Ingredienser

- 1 ½ msk smör, mjukat
- 1 dl purjolök, tunt skivad
- Havssalt och nymalen svartpeppar efter smak
- 1 pund kycklingvingar, halverade
- 2 morötter, hackade
- 1 selleri med blad, hackad
- 2 vitlöksklyftor, finhackade
- 3 koppar vatten
- 1 msk granulerad kycklingbuljong
- 1 msk linfrömjöl
- 1 msk champagnevinäger
- 1/2 kopp vitlökskrutonger, till garnering

Vägbeskrivning

1. Tryck på "Sauté"-knappen för att förvärma din Instant Pot. Smält nu smöret; fräs purjolöken tills den precis är mjuk och doftande.

2. Tillsätt nu salt, peppar, kyckling, morötter, selleri och vitlök. Fortsätt sautera tills kycklingen inte längre är rosa och grönsakerna mjuknat.

3. Tillsätt en skvätt vatten för att förhindra att den bränns och fastnar. Tryck på knappen "Avbryt". Tillsätt vatten och kycklingbuljong. Säkra locket.

4. Välj inställningen "Fjäderfä", Högt tryck. Koka i 20 minuter. När tillagningen är klar, använd en naturlig frisättning.

5. Tryck sedan på "Sauté"-knappen igen. Gör slurryn genom att vispa linfrömjöl med några matskedar av matlagningsvätskan. Häll tillbaka uppslamningen till instant Pot och rör om för att kombinera.

6. Tillsätt champagnevinäger och koka i ytterligare 1 till 2 minuter. Servera i individuella skålar med vitlökskrutonger. Smaklig måltid!

Turkiet och ostköttbullar

Förberedelsetid: 15 minuter

Portioner 6

Näringsvärde per portion: 404 kalorier; 24,9 g fett; 9,6 g kolhydrater; 35,3 g protein; 3,1 g socker

Ingredienser

- 1 ½ pund mald kalkon
- 2 ägg
- 1 gul lök, hackad
- 2 vitlöksklyftor, hackade
- 1 dl tortillachips, smulad
- 1/2 tsk paprika
- Kosher salt, efter smak
- 1/4 tsk nymalen svartpeppar
- 1/2 tsk torkad basilika
- 1/2 tsk torkad oregano
- 8 uns schweizisk ost, i tärningar
- 1 msk olivolja
- 1/2 kopp tomat, mosad
- 1/2 kopp vatten
- 1 matsked socker
- 1/2 tsk chilipulver

Vägbeskrivning

1. Blanda grundligt mald kalkon, ägg, lök, vitlök, smulade tortillachips, paprika, salt, peppar, basilika och oregano.
2. Rulla blandningen till köttbullar. Tryck ut 1 osttärning i mitten av varje köttbulle, förslut den inuti.
3. Tryck på "Sauté"-knappen för att värma upp din Instant Pot; Värm nu olivoljan. Bryn köttbullarna i ett par minuter, vänd dem med jämna mellanrum. Tillsätt tomatsås, vatten, socker och chilipulver.
4. Säkra locket. Välj inställningen "Manuell" och koka i 9 minuter under högt tryck. När tillagningen är klar, använd en snabb tryckavlastning; ta försiktigt av locket. Smaklig måltid!

Fyllda paprika med yoghurt

Förberedelsetid: 20 minuter

Portioner 6

Näringsvärde per portion: 321 kalorier; 19,7 g fett; 8,8 g kolhydrater; 27,9 g protein; 5,1 g socker

Ingredienser

- 2 tsk olivolja
- 1 ½ pund mald kyckling
- 1 rödlök, hackad
- 1 tsk vitlök, finhackad
- Havssalt och mald svartpeppar efter smak
- 1 tsk cayennepeppar
- 1/4 tsk malen spiskummin
- 5 uns Colby ost, riven
- 6 paprika, toppar, hinna och frön borttagna
- 1 kopp yoghurt i grekisk stil

Vägbeskrivning

1. Tryck på "Sauté"-knappen för att värma upp Instant Pot. Värm sedan oljan tills den fräser.
2. Koka kycklingen med lök och vitlök i 3 minuter, rör om med jämna mellanrum. Tillsätt salt, svartpeppar, cayennepeppar och spiskummin; rör om för att kombinera.

3. Vänd i Colby cheese, rör om och reservera.
4. Torka av Instant Pot med en fuktig trasa. Tillsätt 1 ½ koppar vatten och ett metallställ till Instant Pot.
5. Fyll paprikorna med kött/ostblandningen; packa inte paprikan för hårt.
6. Lägg paprikorna på gallret och fäst locket. Välj läget "Fjäderfä" och högt tryck; koka i 15 minuter.
7. När tillagningen är klar, använd en naturlig tryckavlastning; ta försiktigt av locket. Servera med yoghurt i grekisk stil och njut!

Kryddiga kycklingtrumetter i mexikansk stil

Förberedelsetid: 15 minuter

Portioner 3

Näringsvärde per portion: 199 kalorier; 4,3 g fett; 7,1 g kolhydrater; 32,2 g protein; 3,4 g socker

Ingredienser

- 6 kycklingtrumetter, utan skinn och ben
- Kryddat salt och mald svartpeppar, efter smak
- 1/2 tsk röd paprikaflingor, krossade
- 1/2 tsk mexikansk oregano
- 2 mogna tomater, hackade
- 2 vitlöksklyftor, hackade
- 1 tsk färsk ingefära, riven
- 1 cascabel chilipeppar, finhackad
- 1/2 dl salladslök, hackad
- 1 msk färsk koriander, finhackad
- 1 msk färsk limejuice

Vägbeskrivning

1. Tryck på "Sauté"-knappen för att värma upp din Instant Pot. Bryn kycklingtrumpeterna i 3 minuter på varje sida eller tills de fått färg.
2. Blanda de återstående ingredienserna i en skål. Häll blandningen över den brynta kycklingen.

3. Säkra locket. Välj "Manuellt" läge och Högtryck; koka i 10 minuter. När tillagningen är klar, använd en naturlig tryckavlastning; ta försiktigt av locket. Smaklig måltid!

Kyckling-och-bacon köttbullar

Förberedelsetid: 15 minuter

Portioner 6

Näringsvärde per portion: 412 kalorier; 23,1 g fett; 21,2 g kolhydrater; 26 g protein; 7,2 g socker

Ingredienser

- 1 ¼ pund mald kyckling
- 4 skivor bacon, hackad
- 1 kopp kryddat ströbröd
- 1 lök, finhackad
- 3 vitlöksklyftor, hackade
- 1/2 msk färsk rosmarin, finhackad
- 2 ägg, vispade
- Salta och mald svartpeppar, efter smak
- 1/2 tsk paprika
- 2 matskedar olivolja
- 2 dl tomatpuré
- 2 msk dijonsenap
- 1 msk Worcestershiresås
- 2 msk rubinport
- 1/4 kopp kycklingbuljong

Vägbeskrivning

1. Blanda den malda kycklingen, bacon, ströbröd, lök, vitlök, rosmarin, ägg, salt, svartpeppar och paprika ordentligt.
2. Forma blandningen till köttbullar och reservera.
3. Tryck på "Sauté"-knappen på hög värme för att förvärma din Instant Pot. Hetta upp olivolja och stek köttbullarna tills de fått färg på alla sidor; arbeta i omgångar.
4. Tillsätt övriga ingredienser. Välj inställningen "Manuell" och tillaga vid högt tryck i 7 minuter. Använd en snabb tryckavlastning och ta försiktigt bort locket. God aptit!

Cheddar och kycklingbaka

Förberedelsetid: 30 minuter

Portioner 6

Näringsvärde per portion: 424 kalorier; 28,7 g fett; 7,2 g kolhydrater; 33,2 g protein; 2,8 g socker

Ingredienser

- 2 matskedar smör
- 1 ½ pund kycklingbröst
- 2 vitlöksklyftor, halverade
- 1 tsk cayennepeppar
- 1/2 tsk senapspulver
- Havssalt, efter smak
- 1/2 tsk mald svartpeppar
- 8 uns cheddarost, skivad
- 1/2 kopp majonnäs
- 1 dl parmesanost, riven

Vägbeskrivning

1. Tryck på "Sauté"-knappen för att värma upp Instant Pot. Smält smöret; stek kycklingen i 2 till 3 minuter per sida.
2. Tillsätt vitlök och fortsätt fräsa i 30 sekunder till. Krydda med cayennepeppar, senapspulver, salt och svartpeppar.

3. Tillsätt cheddarost och majonnäs; toppa med riven parmesanost.
4. Säkra locket. Välj läget "Kött/gryta" och Högtryck; koka i 20 minuter. När tillagningen är klar, använd en snabb tryckavlastning; ta försiktigt av locket. Smaklig måltid!

Kycklingsmörgåsar med majonnäs och ost

Förberedelsetid: 20 minuter

Portioner 4

Näringsvärde per portion: 439 kalorier; 20,1 g fett; 24,1 g kolhydrater; 38,6 g protein; 4,5 g socker

Ingredienser

- 1 pund kycklingbröst
- Havssalt och mald svartpeppar efter smak
- 2 lagerblad
- 1 dl grönsaksfond
- 4 hamburgerbullar
- 1 msk dijonsenap
- 4 matskedar majonnäs
- 4 uns getost, smulad
- 1/2 kopp tomater, skivade

Vägbeskrivning

1. Tillsätt kyckling, salt, svartpeppar, lagerblad och fond i Instant Pot.
2. Säkra locket. Välj inställningen "Fjäderfä" och koka i 15 minuter under högt tryck. När tillagningen är klar, använd en snabb tryckavlastning; ta försiktigt av locket.

3. Montera dina smörgåsar med kyckling, hamburgerbullar, senap, majonnäs, getost och tomater. Servera och njut!

Sloppy Joe med en Twist

Förberedelsetid: 15 minuter

Portioner 6

Tröstande och full av smak, Sloppy Joe är den perfekta höstmåltiden på vardagar. Kan det bli mer vintage?

Näringsvärde per portion: 329 kalorier; 23,3 g fett; 3,2 g kolhydrater; 25,1 g protein; 1,7 g socker

Ingredienser

- 1 msk olivolja
- 1 pund mald kyckling
- 1/2 pund malet fläsk
- 2 vitlöksklyftor, hackade
- 1 gul lök, hackad
- 2 tomater, hackade
- 1 dl kycklingbuljong
- Havssalt och mald svartpeppar efter smak
- 1/2 tsk paprika
- 1/2 tsk porcinipulver
- 1/2 tsk fänkålsfrön
- 2 lagerblad

Vägbeskrivning

1. Tryck på "Sauté"-knappen för att värma upp din Instant Pot; Värm oljan. Koka nu köttfärsen tills den har fått fin färg; boka.
2. Fräs vitlök och lök i panna i 2 till 3 minuter. Rör ner resterande ingredienser.
3. Säkra nu locket. Välj inställningen "Fjäderfä" och koka i 5 minuter under högt tryck.
4. När tillagningen är klar, använd en naturlig tryckavlastning; ta försiktigt av locket.
5. Skeda blandningen på rostade bullar och servera.

Asiatisk honungsglaserad kyckling med jordnötter

Förberedelsetid: 25 minuter

Portioner 4

Näringsvärde per portion: 435 kalorier; 12,3 g fett; 55,2 g kolhydrater; 30 g protein; 41,9 g socker

Ingredienser

- 1 pund kyckling, i tärningar
- 1 tsk paprika
- Salt och svartpeppar, efter smak
- 1/2 tsk kassia
- 1 msk smör, smält
- 1/2 kopp honung
- 4 vitlöksklyftor, hackade
- 1 ¼ koppar vatten
- 1/2 kopp Worcestershiresås
- 1/2 pund svamp, skivad
- 1 tsk Sriracha
- 1 ½ msk citrongräs
- 1 ½ msk pilrotspulver
- 1/4 kopp jordnötter, hackade

Vägbeskrivning

1. Tryck på "Sauté"-knappen för att förvärma din Instant Pot. Kasta kycklingtärningar med paprika, salt, svartpeppar och kassia.
2. Hetta upp smöret och fräs kycklingen i 4 minuter, rör om då och då. Efter det, rör ner honung, vitlök, vatten, Worcestershiresås, svamp, Sriracha och citrongräs; rör om väl för att kombinera.
3. Fäst locket och välj läget "Fjäderfä". Koka i 12 minuter. Efteråt, använd en naturlig release och ta försiktigt av locket.
4. Tryck på knappen "Sauté".
5. För att göra ett förtjockningsmedel, tillsätt pilrotspulver till en liten skål; tillsätt en kopp eller så av den varma matlagningsvätskan och vispa tills de är kombinerade.
6. Tillsätt förtjockningsmedlet i Instant Pot och koka i 4 till 5 minuter till eller tills såsen har tjocknat. Garnera med hackade jordnötter. Smaklig måltid!

Baconlindad kyckling med bourbonsås

Förberedelsetid: 35 minuter

Portioner 3

Näringsvärde per portion: 414 kalorier; 24,8 g fett; 8,3 g kolhydrater; 38,5 g protein; 5,3 g socker

Ingredienser

- 3 kycklingbrösthalvor, fjärilsröda
- 2 vitlöksklyftor, halverade
- Havssalt och mald svartpeppar efter smak
- 1 tsk cayennepeppar
- 1 tsk torkade persiljeflingor
- 1 tsk senapspulver
- 1/4 tsk mald kryddpeppar
- 6 skivor bacon
- 1/2 kopp BBQ-sås
- 2 msk bourbon whisky

Vägbeskrivning

1. Tillsätt 1 ½ koppar vatten och metallunderlägg till Instant Pot.
2. Gnid sedan kycklingbröst med vitlök. Strö kycklingen med kryddor.

3. Slå sedan in varje kycklingbröst i 2 baconskivor; säkra med tandpetare. Sänk inlindad kyckling på metallunderlägget.
4. Säkra locket. Välj inställningen "Fjäderfä" och koka i 15 minuter under högt tryck. När tillagningen är klar, använd en naturlig tryckavlastning; ta försiktigt av locket.
5. Smörj sedan kycklingen med BBQ-sås och bourbonwhisky; baka i ugnen i 15 minuter. Smaklig måltid!
6. Baka kalkon, peppar och zucchini
7. Förberedelsetid: 15 minuter
8. Portioner 4

Näringsvärde per portion: 464 kalorier; 24,4 g fett; 11,2 g kolhydrater; 43,2 g protein; 1,8 g socker

Ingredienser

- 1 msk sesamolja
- 1 pund malen kalkon
- 1/2 kopp romanoost, riven
- 1/4 kopp ströbröd
- Salta och mald svartpeppar, efter smak
- 1 tsk serranopeppar, finhackad
- 1 tsk vitlök, krossad
- 1/2 tsk torkad timjan

- 1 tsk torkad basilika
- 2 zucchini, tunt skivade
- 2 röd paprika, skivad på längden i strimlor
- 1 kopp tomatpuré
- 1 tsk farinsocker
- 5 uns schweizisk ost, nyriven

Vägbeskrivning

1. Tryck på "Sauté"-knappen för att värma upp Instant Pot. Värm nu oljan tills den fräser.
2. Fräs sedan mald kalkon tills den har fått fin färg, smula sönder den med en sked. Rör nu ner ost, smulor, salt, svartpeppar, serranopeppar, vitlök, timjan och basilika.
3. Koka i 1 till 2 minuter till; boka.
4. Torka av Instant Pot med en fuktig trasa; borsta innergrytan med en nonstick-spray. Lägg 1/2 av zucchiniskivorna på botten.
5. Fördela 1/3 av köttblandningen över zucchinin. Lägg lagret av paprika; tillsätt köttfärsblandningen. Upprepa skiktningen tills ingredienserna tar slut.
6. Blanda sedan tomatpuré och socker noggrant. Häll denna tomatblandning över lagren.
7. Säkra locket. Välj "Manuellt" läge och Högtryck; koka i 10 minuter. När tillagningen är klar, använd en snabb tryckavlastning; ta försiktigt av locket.

8. Efteråt, toppa din gryta med riven schweizerost; låt schweizisk ost smälta i restvärmen. Smaklig måltid!

Kycklingsoppa med gröna bönor

Förberedelsetid: 20 minuter

Portioner 6

Näringsvärde per portion: 354 kalorier; 10,8 g fett; 11,4 g kolhydrater; 51,3 g protein; 5,3 g socker

Ingredienser

- 4 kycklinglår
- Kosher salt och mald svartpeppar, efter smak
- 2 matskedar ghee
- 2 schalottenlök, hackade
- 4 hackade vitlöksklyftor
- 1 (1-tums bit ingefärarot, finhackad
- 2 morötter, tunt skivade
- 1 kålrot, hackad
- 1/2 tsk torkad oregano
- 1 tsk cayennepeppar
- 1/2 tsk torkad rosmarin
- 2 dl tomatpuré
- 1 kopp gröna bönor
- 6 dl vatten
- 1 ½ msk kycklingbuljonggranulat
- 2 lagerblad
- 1/3 kopp smulade kex, till garnering

Vägbeskrivning

1. Krydda kycklinglåren med salt och svartpeppar efter eget tycke. Tryck på "Sauté"-knappen för att förvärma din Instant Pot.
2. När det är varmt, smält ghee och stek kycklinglåren i 3 minuter per sida.
3. Tillsätt schalottenlök, vitlök, hackad ingefära, morot och kålrot; fortsätt att fräsa tills de är precis mjuka, ca 4 minuter.
4. Tillsätt nu oregano, cayennepeppar och rosmarin. Rör om i 30 sekunder till.
5. Tillsätt tomatpuré, gröna bönor, vatten, kycklingbuljonggranulat och lagerblad. Säkra locket.
6. Välj "Manuell", Högtryck och 10 minuter. När tillagningen är klar, använd en naturlig frigöring och ta försiktigt av locket. Kassera lagerblad.
7. Häll upp i individuella skålar och servera garnerad med smulade kex.

Kycklingvingar med sesam coleslaw

Förberedelsetid: 25 minuter

Portioner 4

Näringsvärde per portion: 424 kalorier; 28,3 g fett; 7,7 g kolhydrater; 34,3 g protein; 3,9 g socker

Ingredienser

- 2 tsk sesamolja
- 1 ½ pund kycklingvingar, med ben, skinn-på
- 2 vitlöksklyftor, hackade
- Havssalt och mald svartpeppar efter smak
- 1 tsk paprika
- 1 dl kycklingbensbuljong
- Sesam Cole Slaw:
- 1 kopp vitkål
- 1 rödlök, tunt skivad
- 1 vitlöksklyfta, finhackad
- 1 ½ msk sesamolja
- 1 msk sojasås
- 1 tsk honung
- 1 tsk senap
- 1 msk citronsaft, färskpressad
- 1 msk rostade sesamfrön

Vägbeskrivning

1. Tryck på "Sauté"-knappen för att värma upp din Instant Pot. Värm sedan 2 teskedar sesamolja och stek kycklingvingarna i 2 till 3 minuter per sida.
2. Tillsätt en skvätt kycklingbuljong för att skrapa bort eventuella bruna bitar från botten av din Instant Pot.
3. Säkra locket. Välj läget "Fjäderfä" och högt tryck; koka i 15 minuter. När tillagningen är klar, använd en naturlig tryckavlastning; ta försiktigt av locket.
4. Blanda under tiden alla ingredienser till sesamcoleslawen; ställ i kylen tills den ska serveras. Servera med varma kycklingvingar. Smaklig måltid!

Rainbow Veggie Kycklingsoppa

Förberedelsetid: 25 minuter

Portioner 5

Näringsvärde per portion: 238 kalorier; 17 g fett; 5,4 g kolhydrater; 16,4 g protein; 2,6 g socker

Ingredienser

- 2 matskedar olivolja
- 1 pund kycklingtrumetter
- 1 gul lök, hackad
- 2 vitlöksklyftor, hackade
- 1 röd paprika, kärnad och skivad
- 1 grön paprika, kärnad och skivad
- 1 apelsin paprika, kärnad och skivad
- 1 morot, tunt skivad
- 1 palsternacka, tunt skivad
- 1/4 kopp rosévin
- Havssalt och mald svartpeppar, efter eget tycke
- 1/2 tsk torkad dill
- 1/2 tsk torkad oregano
- 1 msk granulerad kycklingbuljong
- 4 koppar vatten

Vägbeskrivning

1. Tryck på "Sauté"-knappen för att värma upp din Instant Pot; Värm nu oljan tills den fräser. Fräs sedan löken och vitlöken tills den är mjuk och doftande.
2. Tillsätt paprikan, morötterna och palsternackan; koka ytterligare 3 minuter eller tills grönsakerna är mjuka. Tillsätt en skvätt rosévin för att avglasa botten på din Instant Pot.
3. Rör sedan ner de återstående ingredienserna; rör om för att blandas väl.
4. Säkra locket. Välj läget "Soppa" och Högtryck; koka i 20 minuter. När tillagningen är klar, använd en snabb tryckavlastning. Ta försiktigt bort locket.
5. Ta bort kycklingvingarna från matlagningsvätskan; kassera benen och hacka köttet.
6. Lägg tillbaka kycklingköttet i Instant Pot, rör om och servera varmt. Smaklig måltid!

Cavatappi och köttbullsoppa

Förberedelsetid: 20 minuter Portioner 6

Näringsvärde per portion: 408 kalorier; 18,4 g fett; 27,4 g kolhydrater; 33,8 g protein; 2,8 g socker

Ingredienser

- 1 pund malen kalkon
- 1/2 pund malet fläsk
- 2 msk färsk koriander, hackad
- 1/2 vit lök, finhackad
- 2 vitlöksklyftor, hackade
- 1 msk ostronsås
- Havssalt och mald svartpeppar, efter eget tycke
- 1 tsk cayennepeppar
- 1 helt ägg
- 2 tsk sesamolja
- 1 pund cavatappipasta
- 1 tsk dill ogräs
- 1 dl tomatpuré
- 1 morot, tunt skivad
- 1 selleri med blad, hackad
- 6 dl kycklingfond

Vägbeskrivning

1. Blanda grundligt köttfärs, koriander, lök, vitlök, ostronsås, salt, svartpeppar och cayennepeppar. Forma blandningen till köttbullar; avsätta.
2. Tryck på "Sauté"-knappen för att värma upp Instant Pot. Hetta upp oljan och stek köttbullarna tills de fått färg på alla sidor.
3. Rör nu ner resterande ingredienser.
4. Säkra locket. Välj inställningen "Manuell" och koka i 12 minuter under högt tryck. När tillagningen är klar, använd en snabb tryckavlastning; ta försiktigt av locket. Smaklig måltid!

Söndag Turkiet och Korv Köttfärslimpa

Förberedelsetid: 25 minuter

Portioner 6

Näringsvärde per portion: 273 kalorier; 14,8 g fett; 14,5 g kolhydrater; 22,6 g protein; 4,5 g socker

Ingredienser

- 3/4 pund malen kalkon
- 1/2 pund kokt nötköttkorv, smulad
- 1/2 kopp tortillachips, krossade
- 1/2 kopp torkade brödflingor
- 1 msk ostronsås
- 2 ägg
- 1 lök, hackad
- 2 vitlöksklyftor, hackade
- Salta och mald svartpeppar, efter smak
- 1 tsk cayennepeppar
- 1 dl tomatpuré
- 3 tsk farinsocker

Vägbeskrivning

1. Kombinera mald kalkon, nötköttkorv, tortillachips, torkade brödflingor, ostronsås, ägg, lök och vitlök i en blandningsskål.

2. Krydda med salt, svartpeppar och cayennepeppar; rör om tills allt är väl införlivat.
3. Tillsätt 1 ½ koppar vatten i botten av din Instant Pot. Forma köttblandningen till en stock som passar in i ångkokaren.
4. Lägg aluminiumfolieslingan på gallret och sänk försiktigt ner köttfärslimpan på folien. Blanda tomatpuré med 3 tsk farinsocker. Fördela denna blandning över toppen av din köttfärslimpa.
5. Fäst locket och välj läget "Manuellt". Koka vid högt tryck i 20 minuter eller till en innertemperatur på 160 grader F.
6. När tillagningen är klar, använd en naturlig release och ta försiktigt av locket. Smaklig måltid!

Kycklingkorvchowder med spenat

Förberedelsetid: 15 minuter

Portioner 8

Näringsvärde per portion: 360 kalorier; 28,1 g fett; 7,8 g kolhydrater; 19,1 g protein; 2,7 g socker

Ingredienser

- 1 msk ister, smält
- 8 uns kycklingkorv, kokt och tunt skivad
- 1/2 dl salladslök, hackad
- 1 tsk ingefära vitlökspasta
- 1 pund blomkål, hackad i buketter
- 4 dl grönsaksbuljong
- 1 nypa röd paprikaflingor
- Kosher salt, efter smak
- 1/2 tsk nymalen svartpeppar, efter smak
- 1 dl spenat, riven i bitar

Vägbeskrivning

1. Tillsätt alla ingredienser, utom spenat, i din Instant Pot.
2. Säkra locket. Välj inställningen "Manuell" och koka i 9 minuter under högt tryck. När tillagningen är klar, använd en snabb tryckavlastning; ta försiktigt av locket.
3. Purea blandningen i din matberedare.

4. Tillsätt sedan spenat och förslut locket. Låt stå tills spenaten vissnat. Servera i individuella skålar. Njut av!

Krämiga kycklingklubbor

Förberedelsetid: 20 minuter

Portioner 6

Näringsvärde per portion: 351 kalorier; 15,7 g fett; 7 g totalt kolhydrater; 43,5 g protein; 3,3 g socker

Ingredienser

- 2 mogna tomater, hackade
- 1/2 dl rostad grönsaksbuljong, gärna hemgjord
- 1 rödlök, hackad
- 1 röd paprika, kärnad och hackad
- 1 grön paprika, kärnad och hackad
- 4 vitlöksklyftor
- 1 tsk currypulver
- 1/2 tsk paprika
- 1/4 tsk mald svartpeppar
- Havssalt, efter smak
- En nypa riven muskotnöt
- 1/2 tsk malen spiskummin
- 2 pund klubbor, benfria, utan skinn
- 2 matskedar smör
- 1/3 kopp dubbel grädde
- 1 msk linfrömjöl

Vägbeskrivning

1. Tillsätt tomater, grönsaksbuljong, lök, paprika, vitlök, currypulver, paprika, svartpeppar, salt, riven muskotnöt och mald spiskummin i botten av din Instant Pot.
2. Lägg till kycklingklubbor. Säkra locket. Välj "Manuellt" läge och Högtryck; koka i 12 minuter. När tillagningen är klar, använd en naturlig tryckavlastning.
3. Låt den svalna helt och reservera kycklingen.
4. I en blandningsskål, vispa de återstående ingredienserna och tillsätt denna blandning i Instant Pot; tryck på "Sauté"-knappen och låt det koka upp.
5. Lägg nu tillbaka kycklingen i kokvätskan. Tryck på "Avbryt"-knappen och servera omedelbart. Smaklig måltid!

Soppa med kyckling och parmesan

Förberedelsetid: 40 minuter

Portioner 6

Näringsvärde per portion: 405 kalorier; 18,4 g fett; 6,6 g totalt kolhydrater; 50,1 g protein; 1,1 g socker

Ingredienser

- 2 pund hel kyckling, skuren i bitar
- 3 uns helmjölk
- 1 tsk färsk citronsaft
- 1/2 tsk färsk ingefära, riven
- 2 vitlöksklyftor, hackade
- 4 uns keso, vid rumstemperatur
- 2 bananschalottenlök, skalade och hackade
- 1 morot, hackad
- 2 matskedar smör
- 1 msk torkad rosmarin
- 1/4 tsk mald svartpeppar
- Havssalt, efter smak
- 4 dl kycklingfond, låg natriumhalt
- 1/2 dl parmesanost, gärna nyriven
- 1 msk färsk persilja, hackad

Vägbeskrivning

1. Lägg kycklingbitarna, mjölk, citronsaft, ingefära och vitlök i en blandningsskål; låt det marinera 1 timme i kylen.
2. Lägg till kycklingen, tillsammans med marinaden, i din Instant Pot. Tillsätt keso, schalottenlök, morot, smör, rosmarin, svartpeppar, salt och kycklingfond.
3. Säkra locket. Tryck på "Soppa"-knappen och koka i 35 minuter. När tillagningen är klar, använd en snabb tryckavlastning.
4. Ta bort kycklingen från matlagningsvätskan. Kassera benen och lägg tillbaka kycklingen i Instant Pot.
5. Tillsätt nyriven parmesanost till den varma matlagningsvätskan; rör om tills det smält och allt är väl blandat. Häll upp i individuella serveringsskålar, garnera med färsk persilja och njut!

Bakade kalkonbröstfiléer

Förberedelsetid: 40 minuter

Portioner 6

Näringsvärde per portion: 255 kalorier; 7,1 g fett; 0,7 g totalt kolhydrater; 49,7 g protein; 0g socker

Ingredienser

- 6 kalkonbröstfiléer
- 4 vitlöksklyftor, halverade
- 2 matskedar druvkärneolja
- 1/2 tsk paprika
- 1/2 tsk torkad basilika
- 1/2 tsk torkad oregano
- 1/2 tsk torkad mejram
- 1 kopp vatten
- Havssalt, efter smak
- 1/4 tsk mald svartpeppar, eller mer efter smak

Vägbeskrivning

1. Gnid in kalkonfiléer med vitlökshalvor. Massera in 1 matsked olja i din kalkon och krydda den med paprika, basilika, oregano, mejram, vatten, salt och svartpeppar.
2. Tryck på "Sauté"-knappen och tillsätt ytterligare en matsked olja. Bryn kalkonfiléerna i 3 till 4 minuter per sida.

3. Lägg till racket i Instant Pot; sänk ner kalkonen på gallret.
4. Säkra locket. Välj inställningen "Manuell" och koka i 30 minuter. När tillagningen är klar, använd en naturlig tryckavlastning; ta försiktigt av locket.
5. Servera direkt. Smaklig måltid!

Kycklinglår med kryddig Mayo Dip

Förberedelsetid: 25 minuter

Portioner 4

Näringsvärde per portion: 484 kalorier; 42,6 g fett; 2,4 g totalt kolhydrater; 22,3 g protein; 0,5 g socker

Ingredienser

- **4 kycklinglår, med ben, utan skinn**
  - 2 vitlöksklyftor, skalade och halverade
  - 1/2 tsk grovt havssalt
  - 1/4 tsk mald svartpeppar, eller mer efter smak
  - 1/2 tsk röd paprikaflingor, krossade
  - 1 msk olivolja
  - 1/4 kopp kycklingbuljong
  - Dippsås:
  - 3/4 kopp majonnäs
  - 2 msk stenmald senap
  - 1 tsk färsk citronsaft
  - 1/2 tsk Sriracha
  - Garnering:
  - 1/4 kopp färsk koriander, grovt hackad

Vägbeskrivning

1. Gnid in kycklingbenen med vitlökshalvor; krydda sedan med salt, svartpeppar och rödpepparflingor. Tryck på knappen "Sauté".
2. När den är varm, värm oljan och fräs kycklingbenen i 4 till 5 minuter, vänd en gång under tillagningstiden. Tillsätt en skvätt kycklingbuljong för att glasera botten av pannan.
3. Säkra locket. Välj "Manuellt" läge och Högtryck; koka i 14 minuter. När tillagningen är klar, använd en naturlig tryckavlastning; ta försiktigt av locket.
4. Blanda under tiden alla ingredienser till dipsåsen; ställ i kylen tills den ska serveras.
5. Garnera kycklingbenen med koriander. Servera med den pikanta majonnässåsen vid sidan av. Smaklig måltid!

Örtbaserade kycklingtrumetter

Förberedelsetid: 15 minuter

Portioner 6

Näringsvärde per portion: 346 kalorier; 18,3 g fett; 2,7 g totalt kolhydrater; 40,5 g protein; 0,9 g socker

Ingredienser

- 2 matskedar olivolja
- 2 ½ pund kycklingtrumetter, trimmade av fett
- 1 tomat, hackad
- 2 vitlöksklyftor, skivade
- 1 matsked Herbes de Provence
- Havssalt, efter smak
- 1/3 tsk mald svartpeppar
- 1/2 tsk paprika
- 1 kopp vatten
- 2/3 kopp majonnäs
- 2 msk dijonsenap
- 1/2 citron, skuren i skivor

Vägbeskrivning

1. Tryck på knappen "Sauté". Hetta upp oljan och bryn kycklingtrumpeterna i 2 till 3 minuter på varje sida.
2. Tillsätt tomat, vitlök, Herbes de Provence, salt, svartpeppar, paprika och vatten.

3. Säkra locket. Välj "Manuellt" läge och Högtryck; koka i 10 minuter. När tillagningen är klar, använd en naturlig tryckavlastning; ta försiktigt av locket.
4. Servera med majonnäs, senap och citronskivor. Smaklig måltid!

Kryddig Cannellini bönsallad med dadlar

Färdigt på: 35 minuter + kylningstid

Servering: 12

Näringsvärde per portion: Kalorier 195; Kolhydrater 29g; Fett 3g; Protein 9g

Ingredienser

- 1 kopp torra Cannellinibönor, blötlagda
- 1 kopp färska dadlar, halverade, urkärnade
- 2 ½ dl frysta gröna ärtor, tinade
- 1 kopp salladslök, hackad
- 1 kopp tomater, tunt skivade
- 3 vitlöksklyftor, hackad
- 1 msk olivolja
- ¼ kopp vitvinsvinäger
- ¼ kopp tamarisås
- 2 tsk chilipasta
- Salt och svartpeppar, efter smak
- ½ tsk rödpepparflingor, till garnering

Vägbeskrivning

1. För att förbereda dressingen, vispa tamarisås, olja, vinäger, chilipasta och vitlök. Kyl över natten.
2. Placera bönorna i din tryckkokare och häll vatten för att täcka dem. Förslut locket och stäng

tryckavlastningsventilen. Välj BÖNOR/CHILI-läge och koka i 25 minuter vid högt tryck.

3. När tillagningen är klar, gör en snabb tryckavlastning. Häll av bönorna och lägg över i en serveringsskål. Tillsätt resten av ingredienserna och blanda med dressingen tills den är väl täckt.

Salta vegetariska smörgåsar

Förberedelsetid: 35 minuter

Servering: 4

Näringsvärde per portion: Kalorier 488; Kolhydrater 62g; Fett 19g; Protein 28g

Ingredienser

- 1 msk vegetabilisk olja
- 4 Vegetariska korvar, skivade
- 1 vitlöksklyfta, krossad
- ½ kopp tamarisås
- 2 schalottenlök, hackad
- 2 koppar rostad grönsaksfond
- 2 paprikor, urkärnade och skivade
- 4 burgarebullar
- 1 kopp nyriven cheddarost
- Salta och mald svartpeppar, efter smak
- 2 ½ koppar vatten

Vägbeskrivning

1. Hetta upp olja på SAUTÉ vid hög och koka vitlök och schalottenlök, tills de är mjuka, i cirka 3 minuter. Rör ner korvarna och koka i ytterligare 5 minuter. Tillsätt resten av ingredienserna förutom bullarna och osten.
2. Välj TRYCKKOOK/MANUELL och koka i 15 minuter på Hög. När du är klar, gör en snabb tryckavlastning. Värm

ugnen till 460 grader F. Fördela den förberedda blandningen mellan 4 burgarebullar och toppa med riven ost.

3. Grädda smörgåsarna i ugnen i 6-7 minuter, eller tills osten smält. Servera omedelbart!

Eat-me" Squash och sötpotatis krämig soppa

Förberedelsetid: 30 minuter

Servering: 4

Näringsvärde per portion: Kalorier 243; Kolhydrater 33g; Fett 9g; Protein 7g

Ingredienser

- 2 koppar squash i tärningar
- 2 koppar sötpotatis i tärningar
- 2 msk olivolja
- 1 lök, tärnad
- 1 msk Heavy Cream
- 3 koppar grönsaksbuljong
- En nypa timjan

Vägbeskrivning

1. På SAUTÉ at High, värm oljan och tillsätt löken. Koka tills de är mjuka, ca 3 minuter. Rör ner potatisen och squashen och koka ytterligare en minut, eller tills de börjar "svettas".
2. Häll över buljongen och rör ner timjan. Förslut locket, välj BÖNOR/CHILI i 10 minuter på Hög. När du är klar, gör en naturlig tryckavlastning, i cirka 10 minuter. Rör ner grädden och servera.

Green Pea Medley

Förberedelsetid: 25 minuter

Portioner 6

Näringsvärde per portion: 173 kalorier; 6,6 g fett; 22,7 g kolhydrater; 7,7 g protein; 7,9 g socker

Ingredienser

- 2 msk rapsolja
- 1 tsk spiskummin
- 2 ½ dl gröna ärtor, hela
- 2 mogna roma tomater, kärnade och krossade
- 3 dl rostad grönsaksfond
- 1 schalottenlök, tärnad
- 2 vitlöksklyftor, hackade
- 2 morötter, hackade
- 2 palsternacka, hackade
- 1 röd paprika, kärnad och hackad
- 2 lagerblad
- Havssalt och mald svartpeppar efter smak
- 1 tsk cayennepeppar
- 1/2 tsk torkad dill

Vägbeskrivning

1. Tryck på "Sauté"-knappen för att förvärma Instant Pot. När den är varm, tillsätt oljan. Fräs sedan spiskummin i 30 sekunder.

2. Tillsätt schalottenlök, vitlök, morötter, palsternacka och peppar; fortsätt att sautera i 3 till 4 minuter till eller tills grönsakerna är mjuka.

3. Rör nu ner resterande ingredienser.

4. Säkra locket. Välj läget "Manuellt" och koka i 18 minuter under högt tryck. När tillagningen är klar, använd en naturlig frisättning; ta försiktigt av locket.

5. Servera med färskost om så önskas. Smaklig måltid!

Kryddig grönsaks- och Adzukibönsoppa

Förberedelsetid: 30 minuter

Portioner 4

Näringsvärde per portion: 474 kalorier; 7,6 g fett; 84 g kolhydrater; 20,5 g protein; 7,8 g socker

Ingredienser

- 2 matskedar olivolja
- 2 lökar, hackade
- 2 morötter hackade
- 2 palsternacka, hackade
- 1 selleri med blad, hackad
- 2 Yukon guldpotatisar, skalade och tärnade
- 2 mogna tomater, mosade
- 12 uns Adzuki-kli, blötlagda över natten
- 1 tsk cayennepeppar
- 1 tsk torkad basilika
- 1/2 tsk mejram
- 1 tsk svart vitlökspulver
- 1 tsk torkade gräslökflingor
- Några droppar Sriracha
- Kosher salt och mald svartpeppar, efter smak
- 4 koppar kokande vatten

Vägbeskrivning

1. Tryck på "Sauté"-knappen för att värma upp Instant Pot. Värm nu olivoljan och fräs löken tills den är precis mjuk.
2. Tillsätt övriga ingredienser; rör om för att blandas väl. Fäst locket och välj läget "Manuellt". Koka i 10 minuter vid högt tryck.
3. När tillagningen är klar, använd en naturlig release i 15 minuter; ta försiktigt av locket.
4. Häll upp i individuella serveringsskålar och ät varmt. Smaklig måltid!

Sparrissallad i italiensk stil

Förberedelsetid: 10 minuter

Portioner 4

Näringsvärde per portion: 230 kalorier; 19,1 g fett; 10,1 g kolhydrater; 7,9 g protein; 4,9 g socker

Ingredienser

- 1 pund sparris, putsad
- 2 tomater, tärnade
- 4 matskedar olivolja
- 1 schalottenlök, hackad
- 1 tsk vitlök, finhackad
- Havssalt och mald svartpeppar efter smak
- 2 msk citronsaft
- 1 msk dijonsenap
- 1/2 kopp romanoost, riven
- 1 näve italiensk persilja

Vägbeskrivning

1. Tillsätt 1 kopp vatten och metallunderlägg till Instant Pot. Lägg sparris på underlägget.
2. Säkra locket. Välj läget "Manuellt" och koka i 1 minut under högt tryck. När tillagningen är klar, använd en snabbkoppling; ta försiktigt av locket.
3. Kasta den beredda sparrisen med återstående ingredienser; kasta för att kombinera väl. Ställ i kylen tills den ska serveras. Njut av!

Pumpagröt med torkade körsbär

Förberedelsetid: 25 minuter

Portioner 4

Näringsvärde per portion: 201 kalorier; 1,1 g fett; 51,8 g kolhydrater; 5 g protein; 31,9 g socker

Ingredienser

- 2 ½ pund pumpa, rengjord och frön borttagna
- 1/2 kopp havregryn
- 4 matskedar honung
- 1/2 tsk mald kanel
- En nypa salt
- En nypa riven muskotnöt
- 4 matskedar torkade bär
- 1 kopp vatten

Vägbeskrivning

1. Tillsätt 1 ½ koppar vatten och en metallunderlägg till Instant Pot. Lägg nu pumpan på underlägget.
2. Säkra locket. Välj läget "Manuellt" och koka i 12 minuter under högt tryck. När tillagningen är klar, använd en naturlig frisättning; ta försiktigt av locket.
3. Mosa sedan pumpan i matberedaren.
4. Torka av Instant Pot med en fuktig trasa. Tillsätt de återstående ingredienserna i Instant Pot, inklusive pumpapuré.
5. Säkra locket. Välj läget "Manuellt" och koka i 10 minuter under högt tryck. När tillagningen är klar, använd en naturlig frisättning; ta försiktigt av locket.

Enkel vegansk risotto

Förberedelsetid: 15 minuter

Portioner 2

Näringsvärde per portion: 291 kalorier; 20 g fett; 35,4 g kolhydrater; 11,3 g protein; 2,8 g socker

Ingredienser

- 1 msk olivolja
- 2 vitlöksklyftor, hackade
- 1 vit lök, finhackad
- 1 kopp Arborio ris
- 1 kopp vatten
- 1 dl grönsaksfond
- 1/2 tsk torkad basilika
- 1/2 tsk torkad oregano
- Havssalt och mald svartpeppar efter smak
- 1 tsk rökt paprika

Vägbeskrivning

1. Tryck på "Sauté"-knappen för att förvärma din Instant Pot. Hetta upp oljan och fräs vitlöken och löken tills de är mjuka och doftande eller ca 3 minuter.
2. Tillsätt de återstående ingredienserna; rör om för att blandas väl.
3. Säkra locket. Välj läget "Manuellt" och koka i 5 minuter under högt tryck. När tillagningen är klar, använd en snabbkoppling; ta försiktigt av locket.
4. Häll upp i individuella skålar och servera varm. Njut av!

Uppfriskande bönsallad

Förberedelsetid: 35 minuter + kylningstid

Portioner 4

Näringsvärde per portion: 207 kalorier; 5,1 g fett; 31,2 g kolhydrater; 10,6 g protein; 2,3 g socker

Ingredienser

- 1 kopp Great Northern bönor
- 6 dl vatten
- 1 gurka, skalad och skivad
- 1 röd paprika, kärnad och hackad
- 1 grön paprika, kärnad och hackad
- 1 tsk mald sumak
- 3 matskedar extra virgin olivolja
- 1 msk färsk limejuice
- 1/4 kopp färska bladpersilja, grovt hackad
- 1/4 tsk nymalen svartpeppar
- 1/2 tsk röd paprikaflingor

- Salt att smaka

Vägbeskrivning

1. Placera bönor och vatten i din Instant Pot.
2. Säkra locket. Välj läget "Bean/Chili" och koka i 30 minuter under högt tryck. När tillagningen är klar, använd en naturlig frisättning; ta försiktigt av locket.
3. Låt de beredda bönorna svalna helt. Lägg nu till de återstående ingredienserna i Instant Pot.
4. Blanda ihop och servera väl kyld. Njut av!

Rotfrukts- och nudelsoppa

Förberedelsetid: 20 minuter

Portioner 6

Näringsvärde per portion: 194 kalorier; 5,4 g fett; 29,9 g kolhydrater; 8 g protein; 5,1 g socker

Ingredienser

- 2 matskedar olivolja
- 2 schalottenlök, skalade och hackade
- 1 morot, hackad
- 1 palsternacka, hackad
- 1 kålrot, hackad
- 3 vitlöksklyftor, krossade
- 1 tsk spiskumminpulver
- 1/2 tsk torkad rosmarin
- 1/2 tsk torkad timjan
- 6 dl grönsaksfond, gärna hemgjord
- 9 uns veganska nudlar
- 1 kopp majskärnor
- Salta och nymalen svartpeppar efter smak

Vägbeskrivning

1. Tryck på "Sauté"-knappen för att värma upp din Instant Pot. Värm nu oljan och fräs schalottenlök med morot, palsternacka och kålrot tills de har mjuknat.
2. Rör ner vitlöken och koka ytterligare 40 sekunder. Tillsätt spiskummin, rosmarin, timjan, fond och nudlar.
3. Fäst nu locket och välj inställningen "Soppa".
4. Koka i 7 minuter vid högt tryck. När tillagningen är klar, använd en snabbkoppling; ta försiktigt av locket.
5. Tillsätt majskärnor, täck med lock och koka på restvärmen i 5 till 6 minuter till. Smaka av med salt och peppar. Smaka av justera kryddningen och servera varm. Smaklig måltid!

Quinoa Pilaf med Cremini svampar

Förberedelsetid: 15 minuter

Portioner 4

Näringsvärde per portion: 401 kalorier; 12,1 g fett; 60,2 g kolhydrater; 14,1 g protein; 2,7 g socker

Ingredienser

- 2 dl torr quinoa
- 3 koppar vatten
- 2 matskedar olivolja
- 1 lök, hackad
- 1 paprika, hackad
- 2 vitlöksklyftor, hackade
- 2 dl Cremini-svamp, tunt skivad
- 1/2 tsk havssalt
- 1/3 tsk mald svartpeppar, eller mer efter smak
- 1 tsk cayennepeppar
- 1/2 tsk torkad dill
- 1/4 tsk malet lagerblad

Vägbeskrivning

1. Tillsätt quinoa och vatten i din Instant Pot.
2. Säkra locket. Välj läget "Manuellt" och koka i 1 minut under högt tryck. När tillagningen är klar, använd en naturlig frisättning; ta försiktigt av locket.
3. Häll av quinoan och ställ åt sidan.
4. Tryck på "Sauté"-knappen för att förvärma din Instant Pot. När den är varm, värm oljan. Fräs sedan löken tills den är mjuk och genomskinlig.
5. Tillsätt paprika, vitlök och svamp och fortsätt fräsa i 1 till 2 minuter till eller tills de doftar. Rör ner de återstående ingredienserna i din Instant Pot.
6. Tillsätt den reserverade quinoan och rör om för att kombinera väl. Servera varm. Smaklig måltid!

Butternut Squash och Korn skål

Förberedelsetid: 45 minuter

Portioner 4

Näringsvärde per portion: 360 kalorier; 6,4 g fett; 70 g kolhydrater; 8,7 g protein; 2,2 g socker

Ingredienser

- 2 msk olivolja delad
- 2 vitlöksklyftor, hackade
- 1/2 dl salladslök, hackad
- 2 dl butternut squash, skalad och tärnad
- 1/2 tsk gurkmejapulver
- 2 dl korn, helt
- 4 ½ dl vatten

- Havssalt och mald svartpeppar efter smak

Vägbeskrivning

1. Tryck på "Sauté"-knappen för att förvärma din Instant Pot. När den är varm, värm oljan. Koka nu vitlöken och salladslöken tills de är mjuka.
2. Tillsätt de återstående ingredienserna och rör om för att kombinera.
3. Säkra locket. Välj läget "Multigrain" och koka i 40 minuter under högt tryck. När tillagningen är klar, använd en naturlig frisättning; ta försiktigt av locket.
4. Häll upp i individuella skålar och servera varm.

Färgglad grönsaks- och kokossoppa

Förberedelsetid: 25 minuter

Portioner 5

Näringsvärde per portion: 176 kalorier; 13,1 g fett; 9,3 g kolhydrater; 7,9 g protein; 3,4 g socker

Ingredienser

- 1 msk olivolja
- 1/2 kopp vitlök, hackad
- 1 tsk vitlök, finhackad
- 2 morötter, hackade
- 1 palsternacka, hackad
- 1 selleri, hackad
- 1 blomkålshuvud, skuren i små buketter
- 1 zucchini, tärnad
- 5 dl grönsaksfond
- Havssalt och mald svartpeppar efter smak
- 1/2 kopp kokosgrädde
- 2 matskedar färsk koriander, hackad

Vägbeskrivning

1. Tryck på "Sauté"-knappen för att förvärma din Instant Pot. Värm nu oljan tills den fräser.
2. Fräs löken och vitlöken tills de är mjuka. Tillsätt morötter, palsternacka, selleri, blomkål, zucchini, fond, salt och svartpeppar och rör om.
3. Säkra locket. Välj läget "Soppa" och koka i 20 minuter under högt tryck. När tillagningen är klar, använd en snabbkoppling; ta försiktigt av locket.
4. Tillsätt kokosgrädde och förslut locket; låt det sitta tills det är genomvärmt. Häll i soppskålar och servera garnerad med färsk koriander. Smaklig måltid!

Broccoli och morötter med jordnötssås

Förberedelsetid: 10 minuter

Portioner 4

Näringsvärde per portion: 90 kalorier; 4,3 g fett; 9,3 g kolhydrater; 5,2 g protein; 4,3 g socker

Ingredienser

- 1 ¼ koppar vatten
- 1 pund broccolibuketter
- 1 morot, tärnad
- 1/2 tsk havssalt
- 1/2 tsk cayennepeppar
- 1/4 tsk mald vitpeppar
- Till såsen:
- 4 matskedar silkeslent jordnötssmör
- 3 matskedar vatten
- 1 msk champagnevinäger
- 1 msk vallmofrön

Vägbeskrivning

1. Tillsätt 1 ¼ koppar vatten till basen av din Instant Pot. Ordna broccoli och morötter i en ångande korg och överför dem till Instant Pot.
2. Sätt på locket, välj "Manuellt" läge och koka i 3 minuter vid högt tryck. När tillagningen är klar, använd en snabbkoppling; ta försiktigt av locket.
3. Krydda dina grönsaker med salt, cayennepeppar och mald vitpeppar.
4. Blanda under tiden jordnötssmör, vatten, vinäger och vallmofrön i en blandningsskål.
5. Servera ångad broccoli och morötter med jordnötssåsen vid sidan av. God aptit!

Läcker gammaldags chili

Förberedelsetid: 15 minuter

Portioner 6

Näringsvärde per portion: 204 kalorier; 6,5 g fett; 27,9 g kolhydrater; 10,4 g protein; 6,9 g socker

Ingredienser

- 2 matskedar olivolja
- 1 rödlök, hackad
- 3 vitlöksklyftor hackad eller pressad
- 1 röd paprika, tärnad
- 1 grön paprika, tärnad
- 1 röd chilipeppar, finhackad
- Havssalt och mald svartpeppar efter smak
- 1 tsk cayennepeppar
- 1/2 tsk malen spiskummin
- 2 dl grönsaksfond
- 2 mogna tomater, hackade
- 2 (15-ounce burkar bönor, avrunna och sköljda
- 1 näve färska korianderblad, hackade
- 1/2 kopp tortillachips

Vägbeskrivning

1. Tryck på "Sauté"-knappen för att förvärma din Instant Pot. Värm nu oljan tills den fräser.
2. Fräs löken mjuk och genomskinlig. Tillsätt vitlök, paprika, salt och peppar; fortsätt fräsa tills de är mjuka.
3. Rör nu ner cayennepeppar, spiskummin, fond, tomater och bönor.
4. Säkra locket. Välj läget "Manuellt" och koka i 10 minuter under högt tryck. När tillagningen är klar, använd en snabbkoppling; ta försiktigt av locket.
5. Dela chili mellan sex serveringsskålar; toppa med färsk koriander och tortillachips. Njut av!

Traditionell rysk borsjtj

Förberedelsetid: 15 minuter

Portioner 4

Näringsvärde per portion: 183 kalorier; 7,3 g fett; 22,5 g kolhydrater; 8,4 g protein; 7,7 g socker

Ingredienser

- 1 ½ msk olivolja
- 1/2 kopp lök, hackad
- 2 vitlöksklyftor, pressade
- Kosher salt och mald svartpeppar, efter smak
- 1/2 pund potatis, skalad och tärnad
- 2 morötter, hackade
- 1/2 pund rödbetor, skalade och grovt strimlade
- 2 msk rödvinsvinäger
- 1 tomat, hackad
- 4 dl grönsaksfond
- 1/2 tsk kumminfrön
- 1/4 kopp färsk dill, grovt hackad

Vägbeskrivning

1. Tryck på "Sauté"-knappen för att förvärma din Instant Pot. Hetta upp oljan och koka lök och vitlök tills de är mjuka och doftande.
2. Tillsätt resterande ingredienser, förutom färsk dill.
3. Säkra locket. Välj läget "Manuellt" och koka i 10 minuter under högt tryck. När tillagningen är klar, använd en naturlig frisättning; ta försiktigt av locket.
4. Servera soppan med hackad färsk dill. Njut av!

Vintercurrykål

Förberedelsetid: 20 minuter

Portioner 4

Näringsvärde per portion: 223 kalorier; 8,2 g fett; 33,8 g kolhydrater; 7,6 g protein; 15,1 g socker

Ingredienser

- 2 matskedar olivolja
- 1 medelstor purjolök, hackad
- 2 vitlöksklyftor, krossade
- 1 ½ pund vitkål, strimlad
- 1 dl grönsaksbuljong
- 1 kopp tomater, mosade
- 1 palsternacka, hackad
- 2 morötter, hackade
- 2 stjälkar selleri, hackad
- 1 kålrot, hackad
- 1/2 msk färsk limejuice
- 1 tsk torkad basilika
- 1/2 tsk torkad dill
- 1 tsk mald koriander
- 1 tsk mald gurkmeja
- 1 lagerblad
- Kosher salt och mald svartpeppar, efter smak

- 1 (14-ounce burk kokosmjölk

Vägbeskrivning

1. Tryck på "Sauté"-knappen för att förvärma din Instant Pot. Värm nu oljan och koka purjolöken och vitlöken tills den är mjuk och doftande.
2. Efter det, tillsätt de återstående ingredienserna; rör om för att blandas väl.
3. Säkra locket. Välj läget "Manuellt" och koka i 12 minuter under högt tryck. När tillagningen är klar, använd en naturlig frisättning; ta försiktigt av locket.
4. Häll upp i soppskålar och servera genast.

Den enklaste hummusen någonsin

Förberedelsetid: 35 minuter

Portioner 8

Näringsvärde per portion: 186 kalorier; 7,7 g fett; 22,8 g kolhydrater; 7,6 g protein; 4 g socker

Ingredienser

- 10 koppar vatten
- 3/4 pund torkade kikärter, blötlagda
- 2 matskedar tahini
- 1/2 citron, saftad
- 1 tsk granulerad vitlök
- Salt och svartpeppar, efter smak
- 1/3 tsk malen spiskummin
- 1/2 tsk cayennepeppar
- 1/2 tsk torkad basilika

- 3 matskedar olivolja

Vägbeskrivning

1. Tillsätt vatten och kikärter i Instant Pot. Säkra locket.
2. Välj läget "Manuellt" och koka i 25 minuter under högt tryck. När tillagningen är klar, använd en naturlig frisättning; ta försiktigt av locket.
3. Töm nu kikärtorna, spara vätskan. Överför kikärtorna till en matberedare. Tillsätt tahini, citronsaft och kryddor.
4. Puré tills det är krämigt; Häll gradvis i den reserverade vätskan och olivoljan tills blandningen är slät och enhetlig. Servera med några stänk cayennepeppar. Smaklig måltid!

Gröna bönor med shiitakesvamp

Förberedelsetid: 25 minuter

Portioner 4

Näringsvärde per portion: 119 kalorier; 7,6 g fett; 12,6 g kolhydrater; 2,6 g protein; 2,6 g socker

Ingredienser

- 2 koppar vatten
- 6 torkade shiitakesvampar
- 2 msk sesamolja
- 2 vitlöksklyftor, hackade
- 1/2 dl salladslök, hackad
- 1 ½ pund gröna bönor, färska eller frysta (och tinade
- 1/4 tsk mald svartpeppar
- 1/2 tsk röd paprikaflingor, krossade
- 1 lagerblad

- Havssalt, efter smak

Vägbeskrivning

1. Tryck på "Sauté"-knappen och låt vattnet koka upp snabbt; ta bort från värmen; tillsätt de torkade shiitakesvamparna.
2. Låt svampen sitta i 15 minuter för att återfukta. Skär sedan svampen i skivor; reservera svampfonden.
3. Torka av Instant Pot med en trasa. Tryck på "Sauté"-knappen för att förvärma din Instant Pot. När den är varm, värm sesamoljan.
4. Fräs sedan vitlöken och salladslöken tills de är mjuka och aromatiska. Tillsätt gröna bönor, svartpeppar, rödpeppar, lagerblad, salt, reserverad svamp och fond; rör om för att blandas väl.
5. Säkra locket. Välj läget "Manuellt" och koka i 4 minuter under högt tryck. När tillagningen är klar, använd en snabbkoppling; ta försiktigt av locket. Servera varm.

Lins Chipotle Curry

Förberedelsetid:: 20 minuter

Portioner: 3

Ingredienser:

- 1 kopp bruna linser; sköljs och plockas över
- 1/2 medelstor lök; hackad.
- 1/2 medelgrön paprika; hackad.
- 1/2 msk. canolaolja
- 1 chipotle i adobosås; kärnade och hackade.
- 1/4 kopp soltorkade tomater; hackad.
- 1/2 tsk. mald kummin
- 1 vitlöksklyfta; hackad.
- 1½ msk. Chili pulver
- 1 burk (1/4 oz. tärnade tomater
- 2 dl grönsaksbuljong
- Salt; att smaka

Vägbeskrivning:

1. Tillsätt olja med lök och paprika i Instant Pot och välj *Sauté* för att koka i 2 minuter
2. Rör ner vitlök och chilipulver; fräs sedan i 1 minut.
3. Tillsätt alla resterande ingredienser och fäst locket
4. Koka med funktionen *Manuell* i 12 minuter på högt tryck.
5. När det piper; gör en naturlig frisättning i 10 minuter; släpp sedan den återstående ångan med en Quick release,
6. Garnera med hackad koriander och strimlad cheddarost, servera.

Chorizo Pinto bönor

Förberedelsetid:: 52 minuter

Portioner: 3

Ingredienser:

- 1 kopp torra pintobönor
- 1/2 msk. matlagningsolja
- 2 oz. torr (spansk chorizo
- 1/2 gul lök
- 1½ vitlöksklyftor
- 1 lagerblad
- 1/2 tsk. nyknäckt peppar
- 1½ dl kycklingbuljong
- 7½ uns. kan tärnade tomater

Vägbeskrivning:

1. Tillsätt olja, chorizo, vitlök och lök i Instant Pot. *Svits* i 5 minuter.
2. Rör ner bönor, peppar och lagerblad. Koka i 1 minut och tillsätt sedan buljongen
3. Täck och fäst locket. Vrid tryckavlastningshandtaget till tätningsläget.
4. Koka på *Manuell*-funktionen med högt tryck i 35 minuter
5. När det piper; gör a Natural release i 20 minuter.
6. Rör ner tärnade tomater och koka i 7 minuter på *Sauté*-inställningen. Servera varm med kokt vitt ris eller tortillachips.

Vita bönor Curry

- Förberedelsetid:: 35 minuter
- Portioner: 6

Ingredienser:

- 1 pund vita bönor; blötlagd och sköljd
- 1/2 tsk. röd paprika
- 1/2 tsk. mald gurkmeja
- 1 - 2 tsk. salt-
- 1 lagerblad
- 6 dl osaltad grönsaksbuljong
- 1 msk. lökpulver
- 2 tsk. vitlökspulver

Vägbeskrivning:

1. Tillsätt alla ingredienser till Instant Pot
2. Täck och fäst locket. Vrid tryckavlastningshandtaget till tätningsläget.
3. Tillaga på *Bean/Chili*-funktionen med standardinställningarna.
4. När det piper; gör en Natural release i 20 minuter, Rör om och servera varm med kokt vitt ris

Kyckling och brunt ris

Förberedelsetid:: 43 minuter

Portioner: 6

Ingredienser:

- 2 pund kycklinglår; benlös, hudlös
- 2 koppar brunt ris; rå
- 1 medelstor lök
- 3 vitlöksklyftor
- 2 koppar babymorötter
- 2 dl cremini svamp
- 1 msk. olivolja
- 2¼ dl kycklingbuljong
- 1/8 tsk. salt-
- 1/8 tsk. malen svartpeppar
- 10 oz. soppa; grädde av kyckling, konserverad, kondenserad
- 2 msk. Worcestershire sås
- 1 msk. färsk timjan

Vägbeskrivning:

1. Tillsätt olja, vitlök, grönsaker och lök i Instant Pot. *Svits* i 2 minuter
2. Tillsätt alla resterande ingredienser till spisen. Lägg kycklingbitarna ovanpå.

3. Täck och fäst locket. Vrid tryckavlastningshandtaget till tätningsläget.
4. Koka på *Manuell*-funktionen med högt tryck i 31 minuter
5. När det piper; gör a Natural release i 7 minuter
6. Ta bort kycklingen och strimla köttet. Lägg tillbaka köttet till riset, rör om och servera varmt.

Grönt ris

Förberedelsetid:: 27 minuter

Portioner: 3

Ingredienser:

- 1 kopp basmatiris; sköljd
- 3 msk. olivolja
- 1/2 stor lök; tärnade små
- 1/2 kopp grön paprika; hackad.
- 1/2 kopp morötter; hackad.
- 1/2 kopp grön lök; hackad.
- 1 stor vitlöksklyfta; fint tärnad
- 1/2 kopp frysta trädgårdsärter
- 3/4 dl grönsaksfond
- Salt; att smaka
- Svartpeppar; att smaka

Vägbeskrivning:

1. Tillsätt olja och alla grönsaker i Instant Pot och *Sauté* i 7 minuter
2. Rör ner alla resterande ingredienser utom smöret.
3. Täck och fäst locket. Vrid tryckavlastningshandtaget till tätningsläget.
4. Koka med funktionen *Manuell* med högt tryck i 5 minuter
5. När det piper; gör en Natural release i 7 minuter, Rör om och servera varm.

Mung Bean Curry

Förberedelsetid:: 35 minuter

Portioner: 4

Ingredienser:

- 1/2 kopp råa mungbönor
- 1/2 kopp hackad lök
- 1½ msk. matlagningsolja
- 1 lagerblad
- 1 dl grönsaksbuljong
- 1/4 tsk. gurkmeja
- 1/2 tsk. korianderpulver
- 1 tsk. Chili pulver
- 1/2 msk. riven vitlök
- 1/4 msk. riven ingefära
- 3/4 kopp vatten
- 1 dl hackad babyspenat
- Salt; att smaka

Vägbeskrivning:

1. Tillsätt olja och lök i Instant Pot. *Fräs* i 5 minuter
2. Rör om ingefära, vitlökspasta och lagerblad. Koka i 1 minut och tillsätt sedan alla kryddor
3. Tillsätt mungbönor, buljong och vatten i grytan.

4. Täck och fäst locket. Vrid tryckavlastningshandtaget till tätningsläget.
5. Koka på *Manuell*-funktionen med högt tryck i 15 minuter
6. När det piper; gör a Natural release i 20 minuter
7. Rör ner spenat och koka i 3 minuter på *Sauté*-inställningen. Servera varm med kokt vitt ris,

Mexikanskt ris

Förberedelsetid:: 21 minuter

Portioner: 3

Ingredienser:

- 1 kopp långkornigt vitt ris
- 1 msk. avokado olja
- 1/4 kopp lök; hackad.
- 2 vitlöksklyftor; finhackat.
- 1/2 tsk. salt-
- 2 msk. krossade tomater
- 2 msk. Koriander; hackad.
- 2 msk. soltorkade tomater
- 2 dl kycklingfond
- 1/4 tsk. kummin
- 1/4 tsk. vitlökspulver
- 1/4 tsk. rökt paprika

Vägbeskrivning:

1. Tillsätt olja, lök och vitlök i Instant Pot. *Fräs* i 3 minuter.
2. Rör ner ris och blanda väl med löken.
3. Tillsätt alla resterande ingredienser till spisen.
4. Täck och fäst locket. Vrid tryckavlastningshandtaget till tätningsläget
5. Koka på *Manuell*-funktionen med högt tryck i 8 minuter.
6. När det piper; gör en naturlig frisättning, rör om och servera varm.

Ärter & majsris

Förberedelsetid:: 13 minuter

Portioner: 3

Ingredienser:

- 1/2 kopp frysta trädgårdsärter
- 1 kopp basmatiris; sköljd
- 1½ msk. olivolja
- 1/2 stor lök; tärnade små
- Salt; att smaka
- 1½ msk. hackade korianderstjälkar
- 1 stor vitlöksklyfta; fint tärnad
- 1/2 tsk. gurkmeja
- 1/2 kopp frysta majskärnor
- 3/4 dl kycklingfond
- 1 klick smör

Vägbeskrivning:

1. Tillsätt olja och lök i Instant Pot och *Sauté* i 5 minuter
2. Rör ner alla resterande ingredienser utom smöret
3. Täck och fäst locket. Vrid tryckavlastningshandtaget till tätningsläget.
4. Koka med funktionen *Manuell* med högt tryck i 3 minuter
5. När det piper; gör en Natural release i 7 minuter.
6. Rör ner smör och låt det smälta in i riset, Servera varmt.

Linsrisotto

Förberedelsetid:: 30 minuter

Portioner: 2

Ingredienser:

- 1/2 kopp torra linser; blötlagd över natten
- 1 vitlöksklyfta; lätt mosad
- 2 dl grönsaksfond
- 1/2 msk. olivolja
- 1/2 medelstor lök; hackad.
- 1/2 stjälkselleri; hackad.
- 1 kvist persilja; hackad.
- 1/2 kopp Arborio (kortkornigt italienskt ris

Vägbeskrivning:

1. Tillsätt olja och lök i Instant Pot och *Sauté* i 5 minuter.
2. Tillsätt alla resterande ingredienser i Instant Pot.
3. Täck och fäst locket. Vrid tryckavlastningshandtaget till tätningsläget
4. Koka på *Manuell*-funktionen med högt tryck i 15 minuter
5. När det piper; gör a Natural release i 20 minuter, Rör om och servera varmt med kokt vitt ris

Korianderris

Förberedelsetid:: 21 minuter

Portioner: 6

Ingredienser:

- 1⅓ kopp vitt ris
- 1/2 msk. Smör
- 1/2 gul lök; tärnad
- 1 vitlöksklyfta; mald
- 2 koppar vatten
- 1/2 msk. kycklingbuljong
- 1/2 kopp ärtor
- 1/2 tsk. kummin
- 2 oz. kan grön chili
- 1/4 krippe koriander; hackad.
- 3/4 tsk. färsk limejuice
- Salt; att smaka

Vägbeskrivning:

1. Tillsätt olja, lök och vitlök i Instant Pot och *Sauté* i 4 minuter.
2. Tillsätt alla resterande ingredienser till spisen
3. Täck och fäst locket. Vrid tryckavlastningshandtaget till tätningsläget
4. Koka på *Manuell*-funktionen med högt tryck i 7 minuter.
5. När det piper; gör en Natural release och öppna omedelbar grytlocket. Garnera med färsk koriander och servera.

Mandelrisotto

Förberedelsetid:: 15 minuter

Portioner: 3

Ingredienser:

- 1/2 kopp Arborio (kortkornigt italienskt ris
- 2 dl vaniljmandelmjölk
- 2 msk. Agave sirap
- 1 tsk. vanilj extrakt
- 1/4 kopp rostade mandelflingor

Vägbeskrivning:

1. Tillsätt alla ingredienser till Instant Pot.
2. Täck och fäst locket. Vrid tryckavlastningshandtaget till tätningsläget
3. Koka med funktionen *Manuell* med högt tryck i 5 minuter
4. När det piper; gör a Natural release i 20 minuter, Garnera med mandelflingor och servera.

Black Bean Burrito

Förberedelsetid:: 22 minuter

Portioner: 4

Ingredienser:

- 1/2 msk. olivolja
- 1/2 liten lök; tärnad
- 1/2 burk svarta bönor; sköljd
- 1/2 kopp långkornigt vitt ris; okokt
- 1/2 kopp salsa
- 1 dl kycklingbuljong
- 1/2 vitlöksklyfta; mald
- 1/2 tsk. Chili pulver
- 1/4 tsk. Kosher salt
- 3/4 lb benfri; skinnfria kycklinglår, skurna i 1-tums bitar
- 2 msk. hackad koriander
- 2 msk. Cheddarost

Vägbeskrivning:

1. Tillsätt olja med lök och vitlök i Instant Pot och välj *Sauté* för att koka i 2 minuter.
2. Tillsätt alla resterande ingredienser och fäst locket.
3. Koka på *Manuell*-funktionen i 10 minuter på högt tryck
4. När det piper; gör en Natural release i 10 minuter; släpp sedan den återstående ångan med a Quick release
5. Garnera med hackad koriander och strimlad cheddar. Tjäna.

Red Bean Curry

Förberedelsetid: 34 minuter

Portioner: 4

Ingredienser:

- 1/2 kopp råa röda bönor
- 1½ msk. matlagningsolja
- 1/2 kopp hackad lök
- 1 lagerblad
- 1/2 msk. riven vitlök
- 1/4 msk. riven ingefära
- 3/4 kopp vatten
- 1 dl färsk tomatpuré
- 1/2 grön chili; finhackat.
- 1/4 tsk. gurkmeja
- 1/2 tsk. korianderpulver
- 1 tsk. Chili pulver
- 1 dl hackad babyspenat
- Salt; att smaka
- 1/2 kopp färsk koriander

Vägbeskrivning:

1. Tillsätt olja och lök i Instant Pot. *Fräs* i 5 minuter
2. Rör om ingefära, vitlökspasta, grön chili och lagerblad. Koka i 1 minut och tillsätt sedan alla kryddor
3. Tillsätt röda bönor, tomatpuré och vatten i grytan.
4. Täck och fäst locket. Vrid tryckavlastningshandtaget till tätningsläget.
5. Koka på *Manuell*-funktionen med högt tryck i 15 minuter
6. När det piper; gör en Natural release i 20 minuter
7. Rör ner spenat och koka i 3 minuter på *Sauté*-inställningen. Servera varm med kokt vitt ris

Kikärtsris

Förberedelsetid:: 48 minuter

Portioner: 8

Ingredienser:

- 4½ koppar brunt ris; sköljs och dräneras
- 1/2 kopp kikärter; uppblött
- 8 baconremsor; hackad.
- 4 msk. matlagningsolja
- 2 lökar; mald
- 6 dl grönsaksbuljong
- 1/2 kopp hackad koriander

Vägbeskrivning:

1. Tillsätt olja och lök i Instant Pot. *Svits* i 3 minuter
2. Rör ner bacon. Fräs i 5 minuter
3. Tillsätt alla resterande ingredienser till spisen.
4. Täck och fäst locket. Vrid tryckavlastningshandtaget till tätningsläget.
5. Koka med funktionen *Manuell* med högt tryck i 30 minuter
6. När det piper; gör a Natural release och öppna omedelbar grytlocket. Rör om och servera varmt.

Fänkålsrisotto

Förberedelsetid:: 29 minuter

Portioner: 3

Ingredienser:

- 1/4 medelstor fänkål; tärnad
- 1/2 medium brun lök; fint tärnad
- 1 msk. olivolja
- 1/4 knippe sparris; tärnad
- 1/4 tsk. salt-
- 1 vitlöksklyfta; hackad.
- 1 dl Arborio risottoris
- 1 dl grönsaksfond
- 1 dl kycklingfond
- 1 msk. Smör
- 3 msk. vitt vin
- Skal av 1/4 citron
- 1/4 kopp riven parmesanost

Vägbeskrivning:

1. Tillsätt olja, lök, fänkål och sparris i Instant Pot och *Sauté* i 4 minuter.
2. Tillsätt alla återstående ingredienser (förutom osten i spisen.
3. Täck och fäst locket. Vrid tryckavlastningshandtaget till tätningsläget
4. Koka på *Manuell*-funktionen med högt tryck i 10 minuter.
5. När det piper; gör en Natural release och öppna omedelbar grytlocket. Rör ner ost och servera.

Svartbönssås

Förberedelsetid:: 35 minuter

Portioner: 6

Ingredienser:

- 1 pund svarta bönor; sorterade och sköljda
- 1/2 tsk. röd paprika
- 1/2 tsk. mald gurkmeja
- 6 dl osaltad grönsaksbuljong
- 1 msk. lökpulver
- 2 tsk. vitlökspulver
- 1 tsk. salt-
- 1 lagerblad

Vägbeskrivning:

1. Tillsätt alla ingredienser till Instant Pot.
2. Täck och fäst locket. Vrid tryckavlastningshandtaget till tätningsläget
3. Koka på funktionen *Bönor/Chili* med standardinställningarna.
4. När det piper; gör a Natural release i 20 minuter, Rör om och servera varmt med kokt vitt ris

Svamp Risotto

Förberedelsetid:: 30 minuter

Portioner: 2

Ingredienser:

- 1/2 kopp cremini svamp; skivad
- 1/2 kopp Arborio (kortkornigt italienskt ris
- 1/2 msk. olivolja
- 1/2 medelstor lök; hackad.
- 1 vitlöksklyfta; lätt mosad
- 2 dl grönsaksfond
- 1/2 stjälkselleri; hackad.
- 1 kvist persilja; hackad.

Vägbeskrivning:

1. Tillsätt olja och lök i Instant Pot och *Sauté* i 5 minuter
2. Tillsätt alla resterande ingredienser till Instant Pot.
3. Täck och fäst locket. Vrid tryckavlastningshandtaget till tätningsläget
4. Koka på *Manuell*-funktionen med högt tryck i 15 minuter
5. När det piper; gör en Natural release i 20 minuter, Rör om och servera varm med kokt vitt ris.

Linser Spenatgryta

Förberedelsetid: 34 minuter

Portioner: 4

Ingredienser:

- 1 dl hackad babyspenat
- 1/2 kopp råa linser
- 1½ msk. matlagningsolja
- 1/2 kopp hackad lök
- 1 lagerblad
- 1/2 msk. riven vitlök
- 1/4 msk. riven ingefära
- 3/4 kopp vatten
- 1 dl färsk tomatpuré
- 1/2 grön chili; finhackat.
- 1/4 tsk. gurkmeja
- 1/2 tsk. korianderpulver
- 1 tsk. Chili pulver
- Salt; att smaka
- 1/2 kopp färsk koriander

Vägbeskrivning:

1. Tillsätt olja och lök i Instant Pot. *Svits* i 5 minuter.
2. Rör om ingefära, vitlökspasta och lagerblad. Koka i 1 minut och tillsätt sedan alla kryddor
3. Tillsätt linser, tomatpuré och vatten i grytan
4. Täck och fäst locket. Vrid tryckavlastningshandtaget till tätningsläget.
5. Koka med funktionen *Manuell* med högt tryck i 15 minuter.
6. När det piper; gör a Natural release i 20 minuter
7. Rör ner spenat och koka i 3 minuter på *Sauté*-inställningen. Servera varm med kokt vitt ris

Chorizo röda bönor

Förberedelsetid:: 52 minuter

Portioner: 3

Ingredienser:

- 1 kopp röda bönor; blötlagd och sköljd
- Nyknäckt peppar
- 1/2 msk. matlagningsolja
- 2 oz. torr (spansk chorizo
- 1/2 gul lök
- 1½ vitloksklyftor
- 1 lagerblad
- 1½ koppar reducerad natrium kycklingbuljong
- 7½ uns. kan tärnade tomater

Vägbeskrivning:

1. Tillsätt olja, chorizo, vitlök och lök i Instant Pot. *Svits* i 5 minuter.
2. Rör ner bönor, peppar och lagerblad. Koka i 1 minut; tillsätt sedan buljongen
3. Täck och fäst locket. Vrid tryckavlastningshandtaget till tätningsläget.
4. Koka på *Manuell*-funktionen med högt tryck i 35 minuter
5. När det piper; gör en Natural release i 20 minuter.
6. Rör ner tärnade tomater och koka i 7 minuter på *Sauté*-inställningen. Servera varm med kokt vitt ris eller tortillachips.

Kokosrisotto

Förberedelsetid:: 15 minuter

Portioner: 3

Ingredienser:

- 1/2 kopp Arborio (kortkornigt italienskt ris
- 2 dl kokosmjölk
- 2 msk. kokossocker
- 1/4 kopp rostade kokosflingor
- 1 tsk. vanilj extrakt

Vägbeskrivning:

1. Tillsätt alla ingredienser till Instant Pot. Täck och fäst locket. Vrid tryckavlastningshandtaget till tätningsläget.
2. Koka med funktionen *Manuell* med högt tryck i 5 minuter
3. När det piper; gör a Natural release i 20 minuter, Garnera med kokosflingor och servera.

Potatisris

Förberedelsetid:: 15 minuter

Portioner: 3

Ingredienser:

- 3 medelstora potatisar; tärnad
- 1 kopp basmatiris; sköljd
- 1½ msk. olivolja
- 1/2 stor lök; tärnade små
- 1½ msk. hackade korianderstjälkar
- 1 stor vitlöksklyfta; fint tärnad
- 1/2 tsk. gurkmeja
- 1 dl kycklingfond
- 1 tsk. Smör
- Salt; att smaka

Vägbeskrivning:

1. Tillsätt olja och alla grönsaker i Instant Pot och *Sauté* i 5 minuter.
2. Rör ner alla resterande ingredienser utom smöret.
3. Täck och fäst locket. Vrid tryckavlastningshandtaget till tätningsläget.
4. Koka med funktionen *Manuell* med högt tryck i 5 minuter.
5. När det piper; gör en Natural release i 7 minuter
6. Rör ner smör och låt det smälta in i riset, Servera varmt.

Bean Senap Curry

Servering: 4

Förberedelsetid: 10 minuter

Tillagningstid: 14 minuter

Ingredienser

- ½ kopp ketchup
- ½ msk olivolja
- 2 matskedar melass
- 2 tsk senapspulver
- ¼ tesked mald svartpeppar
- 1 ½ skivor bacon, hackad
- ½ medelstor lök, hackad
- ½ liten grön paprika, hackad
- 1 ½ burk marinblå bönor, sköljda och avrunna
- 1 tsk äppelcidervinäger
- 2 msk hackad koriander (garnering

Vägbeskrivning

1. Välj funktionen "Sauté" på din Instant Pot och tillsätt oljan med lök, bacon och paprika. Koka i 6 minuter.
2. Tillsätt alla resterande ingredienser och fäst locket.
3. Koka med funktionen "Manuell" i 8 minuter på högt tryck.
4. Efter pipljudet gör du en Natural release i 10 minuter och släpp sedan den återstående ångan med en Quick release.
5. Garnera med hackad koriander ovanpå.
6. Tjäna.

Näringsvärden per portion:

Kalorier: 373

Kolhydrater: 64,5g

Protein: 21,2g

Fett: 4,7g

Socker: 16,1g

Natrium: 507mg

White Bean Curry

Servering: 4

Förberedelsetid: 5 minuter

Tillagningstid: 30 minuter

Ingredienser

- 1 pund vita bönor, blötlagda och sköljda
- ½ tsk röd paprika
- ½ tsk mald gurkmeja
- 1 msk lökpulver
- 2 tsk vitlökspulver
- 1-2 tsk salt
- 1 lagerblad
- 6 dl osaltad grönsaksbuljong
- Kokt vitt ris att servera

Vägbeskrivning

1. Tillsätt alla listade ingredienser utom det vita riset i Instant Pot.
2. Täck och fäst locket. Vrid tryckavlastningshandtaget till tätningsläget.
3. Koka med funktionen "Bean/Chili" på standardinställningarna.
4. Efter pipljudet gör du en Natural release i 20 minuter.
5. Rör om och servera varmt med kokt vitt ris.

Näringsvärden per portion:

Kalorier: 286

Kolhydrater: 54,1g

Protein: 19,1g

Fett: 1,2g

Socker: 5,2g

Natrium: 612mg

Ärter & majsris

Servering: 3

Förberedelsetid: 5 minuter

Tillagningstid: 8 minuter

Ingredienser

- 1 dl basmatiris, sköljt
- 1 ½ msk olivolja
- ½ stor lök, tärnad i små
- Salt att smaka
- 1 ½ msk hackade korianderstjälkar
- 1 stor vitlöksklyfta, fint tärnad
- ½ tsk gurkmejapulver
- ½ kopp frysta majskärnor
- ½ kopp frysta trädgårdsärter
- ¾ dl kycklingfond
- 1 klick smör

Vägbeskrivning

1. Tillsätt oljan och löken i snabbgrytan och "Sauté" i 5 minuter.
2. Rör ner alla resterande ingredienser utom smöret.
3. Täck och fäst locket. Vrid tryckavlastningshandtaget till tätningsläget.

4. Koka med funktionen "Manuell" med högt tryck i 3 minuter.
5. Efter pipljudet gör du en Natural release i 7 minuter.
6. Rör ner smör och låt det smälta in i riset.
7. Servera varm.

Näringsvärden per portion:

Kalorier: 356

Kolhydrater: 61,3g

Protein: 7,1g

Fett: 9,2g

Socker: 3,6g

Natrium: 363mg

Räk- och rispaella

Servering: 8

Förberedelsetid: 10 minuter

Tillagningstid: 10 minuter

Ingredienser

- 32 oz. frysta vildfångade räkor
- 16 oz. jasminris
- 4 oz. Smör
- 4 oz. hackad färsk persilja
- 2 tsk havssalt
- ½ tsk svartpeppar
- 2 nypor krossad röd paprika
- 2 medelstora citroner, saftade
- 2 nypor saffran
- 24 oz. kycklingbuljong
- 8 vitlöksklyftor, hackade

Vägbeskrivning

1. Tillsätt alla ingredienser i Instant Pot.
2. Lägg räkorna ovanpå.
3. Täck och fäst locket. Vrid tryckavlastningshandtaget till tätningsläget.
4. Koka med funktionen "Manuell" med högt tryck i 10 minuter.

5. Efter pipljudet gör du en Natural release i 7 minuter.
6. Om det behövs ta bort skalen från räkorna och lägg sedan tillbaka räkorna till riset.
7. Rör om och servera varmt.

Näringsvärden per portion:

Kalorier: 437

Kolhydrater: 49,1g

Protein: 30,6g

Fett: 13,7g

Socker: 0,8g

Natrium: 1086mg

Svarta bönor med chorizo

Servering: 3

Förberedelsetid: 5 minuter

Tillagningstid: 47 minuter

Ingredienser

- ½ msk matolja
- 2 oz. torr (spansk chorizo
- ½ gul lök
- 1 ½ vitlöksklyftor
- 1 dl svarta bönor, blötlagda och sköljda
- 1 lagerblad
- ½ tsk knäckt peppar
- 1 ½ dl natriumreducerad kycklingbuljong
- 1 kopp (7,1 oz. tomater, tärnade
- Kokt vitt ris eller tortillachips att servera

Vägbeskrivning

1. Tillsätt olja, chorizo, vitlök och lök i Instant Pot. "Sauté" i 5 minuter.
2. Rör ner bönor, peppar och lagerblad. Koka i 1 minut och tillsätt sedan kycklingbuljongen.
3. Täck och fäst locket. Vrid tryckavlastningshandtaget till tätningsläget.

4. Koka med funktionen "Manuell" med högt tryck i 35 minuter.

5. Efter pipljudet gör du en Natural release i 15-20 minuter.

6. Rör ner tärnade tomater och koka i 7 minuter på "Sauté"-inställningen.

7. Servera varm med kokt vitt ris eller tortillachips.

Näringsvärden per portion:

Kalorier: 324

Kolhydrater: 48,8g

Protein: 21,3g

Fett: 5,6g

Socker: 5,3g

Natrium: 647mg

Brunt kycklingris

Servering: 6

Förberedelsetid: 10 minuter

Tillagningstid: 33 minuter

Ingredienser

- 1 medelstor lök
- 3 vitlöksklyftor
- 2 koppar babymorötter
- 2 dl cremini svamp
- 2 dl brunt ris, rått
- 1 msk olivolja
- 2 ¼ dl kycklingbuljong
- 2 lbs. kycklinglår, benfritt, utan skinn
- ⅛ tesked salt
- ⅛ tesked mald svartpeppar
- 10 oz. soppa, grädde av kyckling, konserverad, kondenserad
- 2 msk Worcestershiresås
- 1 msk färsk timjan

Vägbeskrivning

1. Tillsätt olja, vitlök, grönsaker och lök i Instant Pot. "Sauté" i 2 minuter.

2. Tillsätt alla resterande ingredienser i spisen. Lägg kycklingbitarna ovanpå.
3. Täck och fäst locket. Vrid tryckavlastningshandtaget till tätningsläget.
4. Koka med funktionen "Manuell" med högt tryck i 31 minuter.
5. Efter pipljudet gör du en Natural release i 7 minuter.
6. Ta bort kycklingen och strimla köttet. Lägg tillbaka köttet till riset.
7. Rör om och servera varmt.

Näringsvärden per portion:

Kalorier: 606

Kolhydrater: 58,8g

Protein: 52,4g

Fett: 16,6g

Socker: 4,7g

Natrium: 897mg

Svamprisotto

Servering: 2

Förberedelsetid: 10 minuter

Tillagningstid: 20 minuter

Ingredienser

- ½ kopp cremini svamp, skivad
- ½ msk olivolja
- ½ medelstor lök, hackad
- ½ stjälkselleri, hackad
- 1 kvist persilja, hackad
- ½ kopp Arborio (kortkornigt italienskt ris
- 1 vitlöksklyfta, lätt mosad
- 2 dl grönsaksfond

Vägbeskrivning

1. Tillsätt oljan och löken i snabbgrytan och "Sauté" i 5 minuter.
2. Tillsätt alla återstående ingredienser i Instant Pot.
3. Täck och fäst locket. Vrid tryckavlastningshandtaget till tätningsläget.
4. Koka med funktionen "Manuell" med högt tryck i 15 minuter.
5. Efter pipljudet gör du en Natural release i 20 minuter.
6. Rör om och servera varm.

Näringsvärden per portion:

Kalorier: 226

Kolhydrater: 42,7g

Protein: 4,4g

Fett: 3,9g

Socker: 2,3g

Natrium: 59mg

Ris i mexikansk stil

Servering: 3

Förberedelsetid: 10 minuter

Tillagningstid: 11 minuter

Ingredienser

- 1 msk avokadoolja
- ¼ kopp lök, hackad
- 2 vitlöksklyftor, fint hackade
- 1 kopp långkornigt vitt ris
- ½ tsk salt
- 2 msk krossade tomater
- 2 dl kycklingfond
- ¼ tesked spiskummin
- ¼ tesked vitlökspulver
- ¼ tesked rökt paprika
- 2 msk koriander, hackad
- 2 msk soltorkade tomater

Vägbeskrivning

1. Tillsätt olja, lök och vitlök i Instant Pot. "Sauté" i 3 minuter.
2. Rör ner ris och blanda väl med löken.
3. Tillsätt alla resterande ingredienser i spisen.

4. Täck och fäst locket. Vrid tryckavlastningshandtaget till tätningsläget.
5. Koka med funktionen "Manuell" med högt tryck i 8 minuter.
6. Efter pipljudet gör du en Natural release.
7. Rör om och servera varmt.

Näringsvärden per portion:

Kalorier: 252

Kolhydrater: 53,1g

Protein: 5,6g

Fett: 1,5g

Socker: 1,9g

Natrium: 922mg

Nötkött ris

Servering: 3

Förberedelsetid: 5 minuter

Tillagningstid: 16 minuter

Ingredienser

- ½ msk olivolja
- ½ pund magert nötfärs
- ½ kopp tärnad rödlök
- ½ tsk chilipulver
- ¼ tesked mald spiskummin
- ¼ tesked salt
- ½ kopp långkornigt vitt ris, sköljt väl och avrunnat
- 1 kopp vatten
- 1 kopp tjock salsa
- 1 dl svarta bönor, sköljda och avrunna
- ½ kopp kokta majskärnor
- 1 matsked hackad färsk koriander för att garnera (valfritt

Vägbeskrivning

1. Tillsätt oljan och löken i Instant Pot. "Sauté" i 3 minuter.
2. Rör ner nötkött, spiskummin, salt och chilipulver. Fräs i 5 minuter.

3. Tillsätt alla resterande ingredienser i spisen.
4. Täck och fäst locket. Vrid tryckavlastningshandtaget till tätningsläget.
5. Koka med funktionen "Manuell" med högt tryck i 8 minuter.
6. Efter pipljudet gör du en Natural release och ta bort locket.
7. Rör om och servera varmt.

Näringsvärden per portion:

Kalorier: 378

Kolhydrater: 43,5g

Protein: 31,6g

Fett: 8,8g

Socker: 5g

Natrium: 868mg

Blomkålsrisotto

Servering: 8

Förberedelsetid: 10 minuter

Tillagningstid: 33 minuter

Ingredienser

- 2 små blomkålshuvuden, skurna i bitar
- 6 matskedar olivolja, delad
- Salta och nymalen svartpeppar efter smak
- 1 kopp nyriven parmesanost, delad
- 2 matskedar olivolja
- 2 stora lökar, tärnade
- 4 vitlöksklyftor, hackade
- 2 koppar pärlkorn
- 6 dl grönsaks- eller kycklingbuljong
- 4 kvistar timjan
- 2 matskedar smör
- 4 matskedar hackad färsk persilja för garnering (valfritt

Vägbeskrivning

1. Tillsätt oljan, vitlöken och löken i Instant Pot. "Sauté" i 3 minuter.
2. Rör ner blomkålsbitar och "Sauté" i 5 minuter.

3. Tillsätt alla resterande ingredienser i spisen, förutom osten och smöret.
4. Täck och fäst locket. Vrid tryckavlasmningshandtaget till tätningsläget.
5. Koka med funktionen "Manuell" med högt tryck i 25 minuter.
6. Efter pipljudet gör du en Natural release och ta bort locket.
7. Rör ner smör och ost.
8. Servera varm.

Näringsvärden per portion:

Kalorier: 372

Kolhydrater: 48,2g

Protein: 8,4g

Fett: 18,8g

Socker: 1g

Natrium: 69mg

Grönsaker & majsris

Servering: 3

Förberedelsetid: 5 minuter

Tillagningstid: 12 minuter

Ingredienser

- 1 dl basmatiris, sköljt
- 1 ½ msk olivolja
- ½ stor lök, tärnad i små
- Salt att smaka
- 1 ½ msk hackade korianderstjälkar
- 1 stor vitlöksklyfta, fint tärnad
- ½ rågad tesked gurkmejapulver
- ½ kopp frysta majskärnor
- ½ kopp morötter, hackade
- ¼ kopp salladslök, hackad
- ¼ kopp paprika, hackad
- ½ kopp frysta trädgårdsärter
- 1 dl kycklingfond
- En klick smör, till slut

Vägbeskrivning

1. Tillsätt oljan och alla grönsakerna i snabbgrytan och "Sauté" i 5 minuter.
2. Rör ner alla resterande ingredienser utom smöret.

3. Täck och fäst locket. Vrid tryckavlastningshandtaget till tätningsläget.
4. Koka med funktionen "Manuell" med högt tryck i 7 minuter.
5. Efter pipljudet gör du en Natural release i 7 minuter.
6. Rör ner smör och låt det smälta in i riset.
7. Servera varm.

Näringsvärden per portion:

Kalorier: 423

Kolhydrater: 66g

Protein: 7,8g

Fett: 14,9g

Socker: 5,9g

Natrium: 298mg

Gult potatisris

Servering: 3

Förberedelsetid: 5 minuter

Tillagningstid: 12 minuter

Ingredienser

- 1 dl basmatiris, sköljt
- 1 ½ msk olivolja
- ½ stor lök, tärnad i små
- Salt att smaka
- 3 medelstora potatisar, tärnade
- 1 ½ msk hackade korianderstjälkar
- 1 stor vitlöksklyfta, fint tärnad
- ½ tsk gurkmejapulver
- 1 dl kycklingfond
- 1 tsk smör

Vägbeskrivning

1. Tillsätt oljan och alla grönsakerna i snabbgrytan och "Sauté" i 5 minuter.
2. Rör ner alla resterande ingredienser utom smöret.
3. Täck och fäst locket. Vrid tryckavlastningshandtaget till tätningsläget.
4. Koka med funktionen "Manuell" med högt tryck i 7 minuter.

5. Efter pipljudet gör du en Natural release i 7 minuter.
6. Rör ner smör och låt det smälta in i riset.
7. Servera varm.

Näringsvärden per portion:

Kalorier: 466

Kolhydrater: 86,1g

Protein: 9g

Fett: 9,2g

Socker: 3,9g

Natrium: 339mg

Mung Bean Curry

Servering: 4

Förberedelsetid: 10 minuter
Tillagningstid: 25 minuter

Ingredienser

- ½ kopp råa mungbönor
- 1 ½ msk matolja
- ½ kopp hackad lök
- 1 lagerblad
- ½ msk riven vitlök
- ¼ matsked riven ingefära
- ¾ kopp vatten
- 1 dl grönsaksbuljong
- ¼ tesked gurkmeja
- ½ tsk korianderpulver
- 1 tsk chilipulver
- 1 dl hackad babyspenat
- Salt att smaka
- Kokt vitt ris att servera

Vägbeskrivning

1. Tillsätt oljan och löken i Instant Pot. "Sauté" i 5 minuter.

2. Rör ner ingefära, vitlökspasta och lagerblad. Koka i 1 minut och tillsätt sedan alla kryddor.
3. Tillsätt mungbönor, buljong och vatten i grytan.
4. Täck och fäst locket. Vrid tryckavlasrningshandtaget till tätningsläget.
5. Koka med funktionen "Manuell" med högt tryck i 15 minuter.
6. Efter pipljudet gör du en Natural release i 20 minuter.
7. Rör ner spenat och koka i 3 minuter på "Sauté"-inställningen.
8. Servera varm med kokt vitt ris.

Näringsvärden per portion:

Kalorier: 158

Kolhydrater: 19,2g

Protein: 8g

Fett: 5,9g

Socker: 2,6g

Natrium: 248mg

Kikärtstacos

Servering: 6

Förberedelsetid: 10 minuter

Tillagningstid: 31 minuter

Ingredienser

- ½ kopp råa kikärtor
- 1 ½ msk matolja
- ½ kopp hackad lök
- ½ msk riven vitlök
- ¼ matsked riven ingefära
- ¾ kopp vatten
- ½ kopp färsk tomatpuré
- ½ grön chili, finhackad
- ¼ tesked gurkmeja
- ½ tsk korianderpulver
- 1 tsk chilipulver
- ½ morot, strimlad
- ½ kopp grön paprika, skivad
- Salt att smaka
- 1 matsked färsk koriander att garnera (valfritt
- 6 tortillas

Vägbeskrivning

1. Tillsätt oljan och löken i Instant Pot. "Sauté" i 5 minuter.
2. Rör ner ingefära, vitlökspasta och grön chili. Koka i 1 minut och tillsätt sedan alla kryddor.
3. Tillsätt kikärtorna, tomatpurén och vattnet i grytan.
4. Täck och fäst locket. Vrid tryckavlastningshandtaget till tätningsläget.
5. Koka med funktionen "Manuell" med högt tryck i 15 minuter.
6. Efter pipljudet gör du en Natural release i 20 minuter.
7. Rör ner strimlade morötter och paprika. Koka i 10 minuter på "Sauté"-inställningen.
8. Fyll tortillorna med förberedd fyllning och servera.

Näringsvärden per portion:

Kalorier: 165

Kolhydrater: 25,7g

Protein: 5,3g

Fett: 5,3g

Socker: 4,3g

Natrium: 58mg

Tre-böngryta

Servering: 3

Förberedelsetid: 10 minuter

Tillagningstid: 20 minuter

Ingredienser

- ½ msk olivolja
- ½ medelstor vit lök, tärnad
- ½ medelstor morot, tärnad i små tärningar
- ½ selleristav, tärnad i tärningar
- 3 vitlöksklyftor, tärnade fint
- 1 lagerblad
- ½ tsk paprikapulver
- ¾ tesked spiskumminpulver
- ¼ tesked salt
- ⅛ tesked kanelpulver
- ⅛ tesked chilipulver eller cayennepeppar
- ¼ kopp svarta bönor, blötlagda och sköljda
- ¼ kopp röda bönor, blötlagda och sköljda
- ¼ kopp vita bönor, blötlagda och sköljda
- ¼ kopp hackade konserverade tomater
- 2 msk citronsaft
- 2 dl grönsaksfond

Vägbeskrivning

1. Tillsätt olja, lök, selleri och vitlök i instantgrytan och "Sauté" i 5 minuter.
2. Tillsätt alla resterande ingredienser i spisen.
3. Täck och fäst locket. Vrid tryckavlastningshandtaget till tätningsläget.
4. Koka med funktionen "Manuell" med högt tryck i 15 minuter.
5. Efter pipljudet gör du en Natural release och ta bort locket.
6. Rör om och servera.

Näringsvärden per portion:

Kalorier: 213

Kolhydrater: 35,6g

Protein: 12g

Fett: 3,3g

Socker: 3,6g

Natrium: 251mg

Majs linsgryta

Servering: 3

Förberedelsetid: 10 minuter

Tillagningstid: 20 minuter

Ingredienser

- ½ medelstor lök, hackad
- ½ msk olivolja
- 1 medelstor morot, skivad
- 3 ½ dl vatten
- ⅓ kopp torkade linser
- 1 medelstor tomat
- ½ kopp färsk eller fryst majs
- 1 msk tamari eller sojasås
- ½ kopp kokt brunt ris
- Salta och peppra, efter smak

Vägbeskrivning

1. Tillsätt oljan, löken och morötterna i snabbgrytan och "Sauté" i 5 minuter.
2. Tillsätt vatten, linser, tomater och majs i spisen.
3. Täck och fäst locket. Vrid tryckavlastningshandtaget till tätningsläget.
4. Koka med funktionen "Manuell" med högt tryck i 15 minuter.

5. Efter pipljudet gör du en Natural release och ta bort locket.
6. Rör ner kokt ris, tamarisås, salt och peppar.
7. Servera varm.

Näringsvärden per portion:

Kalorier: 239

Kolhydrater: 47,4g

Protein: 10,1g

Fett: 1,5g

Socker: 4,2g

Natrium: 367mg

www.ingramcontent.com/pod-product-compliance
Lightning Source LLC
Chambersburg PA
CBHW071611080526
44588CB00010B/1098